"성경"을 모르는 민족은 망했다

성경은 종교가 아닌 역사의 책이다.

피터 S. 럭크만 지음

장준익 옮김

말씀보존학회

One in 23,000,000

By

Dr. Peter S. Ruckman

Bible Baptist Bookstore
Pensacola, Florida
2015 / Korean by Word of God Preservation Society
Seoul, Korea

이 책을 내면서

이 책의 원제목은 〈1 in 23,000,000〉인데 우리말로 직역하면 독자들에게 그 의미를 전달하는 데 어려움이 있을까 하여, 이 책의 내용을 집약하여 〈"성경"을 모르는 민족은 망했다〉라고 쓰고 부제로 「성경은 종교가 아닌 역사의 책이다」라고 했다.

성경은 하나님의 영감으로 기록되고 섭리로 보존된 책이다. 하나님께서는 인류의 역사를 미리 기록하여 인류 앞에 제시하시고 "모든 사람이 구원을 받고 진리의 지식에 이르기를 원하신다."(딤전 2:4)라고 말씀하셨다. 이 책의 가르침대로 믿으면, ① 영이 거듭나게 되어 하나님을 두려워하게 되며 ② 지혜와 지식과 명철을 얻게 되어 죄를 멀리하게 된다. ③ 뿐만 아니라 쓰레기 같은 종교들을 붙잡고 인생을 낭비하지 않게 되며 부활과 영생의 소망을 지니고 이 생을 살게 된다. ④ 또 예수 그리스도께서 의의 왕이요 화평의 왕으로 이 땅에 다시 오시어 천년왕국을 수립하여 통치하시게 되는데 그때에야 인류는 전쟁을 멈추고 화평을 누리게 된다.

창조주 하나님께서는 이러한 사실들을 기록하시어 인류에게 제시하시며 "믿는 자는 영원히 죽지 아니하리라."고 말씀하셨다(요 11:26).

성경은 하나님의 약속(testament)이다. 인간의 생사화복과 제국의 흥망성쇠는 이 책을 믿느냐 믿지 않느냐에 따라 그 운명이 결정된다.

인류는 창세기 3장(B.C. 4004년) 이래로 하나님의 편과 사탄의 편으로 나뉘어 지금에 이르고 있다. 사탄은 인류를 멸망시키려고 가짜 성경들을 만들어 확산시킴으로써 가짜 교회, 가짜 교리, 가짜 목사, 가짜 성도들을 양산시켜 복음을 가리고 있다. 『**그러한 자들은 거짓 사도들이요, 기만하는 일꾼들이요, 자신들을 그리스도의 사도들로 가장하는 자들이라. 이것은 놀랄 일이 아니니 이는 사탄도 자신을 빛의 천사로 가장하기 때문이라. 그러므로 사탄의 종들이 의의 종으로 가장한다 하더라도 큰 일이 아니니라. 그들의 종말은 그들의 행위대로 될 것이니라**』(고후 11:13-15). 하나님께서는 그러한 가짜들에게 이렇게 경고하셨다. 『**하나님을 알지 못하는 자들과 우리 주 예수 그리스도의 복음에 순종치 아니하는 자들을 불길 가운데서 벌하시리니 이런 자들은 주의 임재와 그의 능력의 영광으로부터 떠나 영원한 멸망의 형벌을 받게 될 것이라**』(살후 1:8,9).

나는 이 책을 쓴 저자를 아는데, 그는 독일계 미국인이고 그의 증조부와 조부는 웨스트포인트 출신으로 두 분 다 준장이었으며, 그의 아버지는 역시 웨스트포인트 출신으로 대령이었다. 그 역시 제2차 세계대전 직후, 일본 도쿄에 있는 미군 사령부에서 더글러스 맥아더 장군 휘하에서 장교로 근무했다. 만일 맥아더 장군이 5만 명의 미군의 생명을 희생시키고 점령한 오키나와를 일본에 돌려주지 않았더라면, 그 역시 그의 부친, 조부, 증조부와 마찬가지로 군인으로 살았을 것이다. 오키나와를 일본에 돌려준 그 순간에 그는 군에 대한 흥미를 완전히 잃어버렸고 곧바로 전역했다.

그는 열 살도 채 안 되어 독서를 시작했는데, 지금까지 무려 24,000권 이상의 책을 읽었고 〈킹제임스성경〉을 160회 이상 읽었으며, 한 번은 한 단어, 한 단어를 손가락으로 짚어 헤아릴 정도로 집중력과 지구력이 유별났다. 그는 아인슈타인의 상대성이론($E=mc^2$)을 논박한 최초의 인물이기도 하다. 그의 필생의 역작 〈럭크만 주석성경, Ruckman Reference Bible〉 각 책에는 장, 절 외에도 몇 단어로 되어 있다고 기록되어 있다.

그는 사도 바울 이래 성경을 가장 잘 해석한 하나님의 종이다. 존 칼빈 이래로 거의 모든 유명한 주석가들이 쓴 주석서들을 무엇이 비성경적이었는지 일일이 지적하였다.

그는 금년 95세인데 아직도 미국 플로리다 주 펜사콜라성경침례교회에서 매주 설교하며 그의 신학교인 펜사콜라성경신학원(Pensacola Bible Institute)에서 학생들을 가르치고 있다.

펜사콜라성경신학원 출신들 중에는 현재 세계 54개국의 오지에 파송된 선교사들이 있고, 미국 내에 적어도 70여 개의 지역 교회가 있으며, 감옥사역, 신학교 교사들, 복음 전파자 등의 전담사역자들이 미국 전역에서 성경대로 믿는 사람들(Bible Believers)을 육성시키고 있다.

"성경의 기록 중에서 그 일이 일어나기도 전에 말씀하신 것들이 정확하게 성취된 것이 무려 100번이 넘는다." "성경은 단지 일종의 종교적 신념이나 어떤 인간 통제 영역을 넘어서서 작용한다. 성경은 역사 속에서 무슨 일이 일어날 것이고, 어떻게 일어날 것이며, 왜 일어날 것인지를 말해 준다. 누구든지 이 책을 받아들이거나 거부할 수 있다. 그러나 그들 자신의 종말은 이 책에 대한 자신의 반응에 따라 이 책이 일어나리라고 말씀하시는 대로 되어질 것이다." "성경의 정확도는 믿느냐, 믿지 않느냐의 문제이지, 과학적 연구와 철학적 고찰의 문제가 아니다. 성경이 역사상 일어날 것이라고 말한 일은 반드시 역사 속에서 일어날 것이다."

성경을 모르는 사람은 자신이 죽어서 그의 혼이 어디서 영원을 보낼 것인지 모른다. 그는 결코 똑똑한 사람이 못된다. 성경을 알고 싶으면 먼저 거듭나야 한다. 자신이 죄인으로 태어난 점을 인지하고 예수님께서 인류의 죄 문제를 십자가로 해결해 주셨음을 믿고 그분을 자신의 구주로 영접하면, 영이 거듭나고 혼이 구원받게 된다. 그런 후에 열심히 성경을 읽고 공부하면 영적 깨우침을 얻게 된다.

당신은 교인인가, 그리스도인인가? 그리스도인이라면 예수 그리스도의 재림을 믿고 있는가? 주님의 다시 오심을 기다리며 교회 생활을 하지 않는다면 당신의 신앙은 짝퉁임을 알라.

2015년 3월

이 송 오 목사

목 차

이 책에 인용된 성경 구절은 〈한글킹제임스성경〉입니다.

제 1 장

2,300만 권의 책 중의 하나

언젠가 미국 의회 도서관에 2,300만 권의 책과 500만 권의 소책자가 있다는 글을 읽은 적이 있다. 정말로 그것이 사실인지는 아직 확인해 보지 못했다. 나는 열 살 때부터 매일 한 권 정도씩 책을 읽었는데, 지금까지 24,800권 정도의 책을 읽을 시간밖에는 얻지 못했다. 이 계산에는 150번 넘게 읽은 66권의 책들이 포함되어 있지 않다. 이 66권의 책들은 창세기에서 요한계시록까지 한 권의 책으로 묶여 있는데, 1994년부터는 몇 번이나 읽었는지 세어 보지 않았다. 그러나 나는 지금도 여전히 계속해서 이 책을 읽고 있다.

어떤 사람은 그 많은 시간을 다른 책들을 읽는 데 사용하지 않고 이 한 권의 책을 여러 번 읽는 데 써 버렸다는 것에 대해 가치 있는 시간들을 낭비한 것이라고 생각할지도 모르겠다. 그러나 나는 1949

년 이후로, 미국 의회 도서관에 있는 어떤 책보다도 이 한 권의 책이 과거, 현재, 미래의 역사에 대해 더 많은 절대적인 진리를 담고 있다는 결론에 도달했다.

그래서 2,300만 권 이상의 책들을 이 책 한 권과 맞바꾸었던 것이다. 나는 이 거래를 통해 이익을 보았다. 지금까지 이 거래에 대해 후회한 적이 없다.

이 한 권의 책은 헬라어와 히브리어뿐만 아니라, 영어 및 수많은 다른 나라의 언어들로도 기록되어 있다.

그리고 이 책은 "책들"에 관해 다음과 같이 흥미롭게 언급한다.

『**내 아들아, 이것들로 더욱 각성하라. 많은 책을 만드는 것은 끝이 없고, 많은 공부는 몸을 피곤케 하느니라**』(전 12:12).

게다가 고등교육을 받은 "책벌레들"이 내가 읽고 있는 이 책에 대해 언급할 때, 거짓말하는 경향이 있다는 사실도 비꼬는 말투로 암시한다.

『**모든 환상은 너희에게 마치 봉인된 책의 말과 같이 되었으니 사람들이 그것을 유식한 자에게 건네주며 말하기를 "청컨대 이것을 읽으라." 하나 그가 말하기를 "봉인되어 있으니 읽을 수 없노라." 하며**』(사 29:11).

『진실로 낮은 자들도 헛것이요, 높은 자들도 거짓이니 그들을 저울에 달면 모두 합쳐도 헛것보다 가볍도다』(시 62:9).

여기 시편 62:9에 나오는 『**높은 자들**』(men of high degree)을 〈영의 성구사전, Young's Concordance〉에서 찾아보다가, 이 사전에는 이 구절이 빠져 있다는 사실을 알고 큰 충격을 받은 적이 있었다(〈영의 성구사전, Young's Concordance〉, p.241). 이 책벌레님께서는 참조 구절을 26개나 열거했으면서도 유독 이 구절을 누락시킨 것이다. 무엇 때문에 시편 62:9의 말씀이 누락된 것일까? 1,090쪽 분량의 성구사전 안에 들어 있는 16만 3,500개 이상의 참조 구절에서, 로버트 영은 어찌하여 이 구절을 누락시킨 것일까?

더 나아가 사도행전 26:24에서처럼 "지식이 많다"는 이유만으로 거짓말쟁이가 만들어지는 것은 아님을 발견했다. 왜냐하면 성경은 이사야 29:11의 『**유식한**』 자들과 마찬가지로 "무식한 자들"도 성경을 거절할 핑계를 가지고 있다고 말씀하기 때문이다.

『또 그 책을 무식한 자에게 건네주며 말하기를 "청컨대 이것을 읽으라." 하나 그가 말하기를 "나는 무식하다." 하느니라. 그러므로 주께서 말씀하시기를 "이 백성이 입으로는 나를 가까이하며 그들의 입술로는 나를 존경하나 그들의 마음은 내게서 멀리 떠났으며 나를 향한 그들의 두려움도 사람들의 법규로 가르친 것이라. 그러므로 보라,

내가 이 백성 가운데서 놀라운 일을 추진하리니 놀라운 일과 이적이라. 그들의 현자들의 지혜가 없어지고, 그들의 총명한 자들의 명철이 숨겨지리라." 하셨도다』(사 29:12-14).

나 역시 책에 완전히 중독된 "책벌레"였고 책들은 항상 나의 "가장 강력한 무기"였기 때문에, 이 한 권의 책을 집어 들고 읽는 데 막대한 시간을 투자했다. 지난 50년이 넘는 세월 동안 매일 10-40쪽을 읽었을 정도다.

또한 하나의 겉표지 안에 실제로는 66권의 책이 함께 묶여 있다는 사실과 이 책이 "책들"에 관하여 많은 것을 언급하고 있다는 사실도 알게 되었다. 그 안에는 『**언약**』(출 24:7)에 관한 책들도 있고, 『**세대들**』(창 5:1, 마 1:1)을 다루는 책들도 있으며, 『**생명**』의 책(계 20:12)도 있고, 일곱 인으로 봉인된 책(계 5:1-8)도 있다. 심지어 『**주의 책**』(사 34:16)도 있다.

여기 마지막에 언급된 "주의 책"이 가장 흥미롭다. 이것은 하나님께서 어떤 책을 쓰셨다는 사실을 알려 준다. 얼마나 놀라운 일인가! 하나님께서 "작가"가 되셨다고 상상해 보라! 시간과 공간과 우주의 창조자께서 종이 위에 글을 쓰고 계신 것을 상상해 보라! 정말 놀랍지 않은가! 하나님께서는 과연 무엇을 쓰셨을까? 그 글의 판권은 누가 가졌을까? 그 사본 하나를 얻을 수 있을까? 모세는 그 책을 가리켜 "하나님의 책"이라고 말했다. 왜냐하면 하나님 그분 자신께서 쓰신 책이기 때문이다.

『**지금이라도 주께서 그들의 죄를 용서하시기를 원하나이다. 만일 그렇게 하지 않으시려거든 간구하오니 주께서 기록하신 주의 책에서 나를 지워 버리소서." 하니, 주께서 모세에게 말씀하시기를 "나를 거역하여 죄를 지은 자는 누구라도 내가 그를 나의 책에서 지워 버리리라**』(출 32:32,33).

모세가 거짓말을 하고 있는 것일까? 마호메트는 그런 거짓말로 세간의 이목을 끌었다. 그는 문맹 이교도였기 때문에 글을 쓸 수 없었다. 그래서 앉아서 되는 대로 지껄이고 그것을 다른 사람들이 받아 적게 했다. 그러고 나서 마호메트는 자기가 말한 것들이 스스로에게서 나온 것이 아니라, 알라로부터 온 "알라의 말들"이라고 거짓말했다. 그는 자기가 태어나기 500년도 더 이전에 기록된 베드로후서 1:21의 대상이 바로 자기 자신이라고 생각해 주길 바랐다! 누군가 마호메트의 철학적이고 신학적인 추측들을 적은 114개 장의 "수라들"을 모았을 때, 사람들은 그것을 하나의 책으로 만들고 "하나님"께서 그 책을 쓰셨다고 주장한 것이다.

나는 코란을 다섯 번 정도 읽었다. 그중 최소 두 번은 수라 1장에서 114장까지 일일이 각주를 달아 가면서 검토를 했다. 코란을 검토할 때, 당연히 예언의 목록을 만들었고, 또 알라의 유일하고 진정한 예언자임을 자처하며 자신의 말을 받아 적게 했던 그 문맹자의 일부다처주의에 대해서도 자세하게 검토했다. 코란을 읽는 독자로서 그 안에 어떤 예언들이 들어 있는지 알아보는 것은 당연한 일이다.

모세가 쓴 율법의 책들, 즉 모세오경에는 그가 죽은 이후 이 땅의 역사 속에 일어날 미래의 사건들에 대한 96개의 예언들이 발견된다.

실로 매우 놀랄 만한 일이었다. 마호메트는 알라의 예언자가 아닌 것은 물론이거니와 단순한 예언자도 아니었다. 그는 코란 114개의 장에서 자신이 살아 있는 동안의 일이든, 죽은 후의 일이든, 단 하나의 예언도 하지 못했다. 말하자면 모세가 마호메트를 "96 대 0"으로 완승한 것이다. 분량으로 볼 때, 코란은 모세오경의 세 배나 되는데도 마호메트는 그 안에 예언 하나도 남기지 못한 것이다. 그는 아주 형편없는 헛소리꾼이었다.

예를 들어 마호메트는 자신이 언제 죽을지, 어디에서 죽을지, 또 어떻게 죽을지에 대해 예언하지 못했다. 반면 모세는 자기가 언제, 어디서 죽을지 알고 있었다(신명기). 엘리야는 자신이 하늘로 들려 올라가게 될 것을 알고 있었으며(왕하 2장), 그에게서 배운 모든 선지자들의 아들들도 그 사실을 알고 있었다(왕하 2:5). 예수 그리스도께서는 돌아가시기 전에 그분의 다가올 죽음에 관한 열 가지 내용들을 구체적으로 말씀하셨다. 그러나 마호메트는 예수 그리스도께서 결코 죽지 않으셨기 때문에 거짓말을 하신 것이라고 주장했다. 이처럼 질투심으로 가득 찬 이 "전문 사기꾼"은 예수 그리스도의 죽음을 취소시키려 했는데, 이는 그가 자신의 죽음을 예언할 수 없었기 때문이다.

사실 역사적으로 성취되었다고 하는 코란의 모든 예언들은 마호메트의 출생보다 900년 이상 앞선 "한 책"에서 훔쳐온 것이다.

마호메트는 알라의 예언자로 자처하면서도 자신이 죽은 뒤에 일어날 일들 중 그 어떤 것도 예언하지 못했다. 아주 사소한 예언조차 하지 못했다. 하지만 내가 줄곧 읽어 온 이 한 권의 책에서는, 하나님의 선지자들이 가깝게는 5년에서 멀게는 400년까지 미래의 일들에 대해 200가지도 넘게 예언했으며, 또 그 예언들이 역사 속에서 문자 그대로 성취되었다. 그중 어떤 것도 종교적인 추측이 아니었다.

요한복음 21:25을 80번 이상 읽은 후에, 하나님께서 한 권의 책을 쓰셨다면 그 책은 매우 축약된 형태로 써졌을 것이라는 사실이 분명해졌다. 끝없는 문학적 여행을 계속하는 것은 헛된 것일 뿐만 아니라(전 12:12), 하나님과 그분의 피조물 사이의 의사소통을 오히려 흐릿하게 만드는 것이기 때문이다. 하나님께서는 그분의 책을 통해 충분히 말씀하셨다. 그래서 아무도 죄에 대해 변명할 수 없고 창조주와 창조에 관하여 모른다고 무지를 주장할 수도 없을 것이다. 또한 하나님께서 기록하신 말씀들을 넘어서서 과학이나 종교, 철학, 또는 누군가 "전해 준 말들"을 받아들일 수 있는 사람은 아무도 없을 것이다. 게다가 종족이나 연령, 피부색 또는 거주지에 상관없이 모든 사람은 이 땅에 거하는 동안 어떻게 살아야 하는지를 그분의 책을 통해 발견할 수 있을 것이다.

확실히 이 한 권의 책 안에는 앞서 언급한 내용들을 알게 해주는 핵심적인 정보들이 충분하게 들어 있다. 지금까지 일어나지 않은 500개 이상의 예언된 사건들은 이 책을 통해 알 수 있는 “부가적인 이익들”이나 “누적된 관심사항들”이다.

그렇다면 문제는 단순하다.

만일 하나님께서 한 권의 책을 쓰셨다면, 그것은 지금 어디에 있는가?

나는 1949년까지 〈샤스트라〉, 〈베다〉, 〈젠드아베스타〉, 〈리그베다〉, 〈푸라나〉, 〈바가바드기타〉, 공자의 〈논어〉, 〈대장경〉, 선사들의 〈선문답〉, 〈탈무드〉, 〈조하르〉, 〈몰몬경〉, 블라바츠키의 〈비밀교리〉, M.B.P. 에디의 〈성경의 열쇠〉 등 이러저러한 잡다한 책들을 읽었다. 그런데 1949년 당시에 집어 든 이 한 권의 책 옆에 그 책들을 나란히 놓았을 때, 실로 큰 충격을 받았다. 세계 7대 종교(몰몬교, 불교, 이슬람교, 힌두교, 유교, 유대교, 크리스천사이언스)의 가장 위대하다고 하는 지도자들은 자신이 죽은 이후 실제 역사 속에 일어날 사건들에 대해 단 한 가지 예언도 기록으로 남겨 놓지 못했기 때문이다.

실제 역사에 관한 한, 다른 종교들의 소위 “신성한 문서들”은 “죽은 새우”만도 못했다. 그 문서들은 벙어리였다. 앞뒤가 안 맞는 말들로 가득한 문서들이었다. 그 종교 지도자들은 확실히 실성했던 사람들이다. 검토해 보았더니 그들은 순전히 형편없는 헛소리꾼들이었다. 가온들(바빌론의 수라나 품베디타에 있던 유대인 학교의 교장), 소페르들(유대인 서기관), 랍비들에게는 약간의 쓸 만한 자료들이 있었지만, 그것마저도 그들이 본격적으로 "장사"를 시작하기 400년도 더 이전에 완성된 구약성경에서 가져온 것들이었다. 유대교의 진정한 예언들은 모두 『**율법과 선지서들**』(눅 24:44)에서 가져온 것일 뿐이다.

그러나 『**율법과 선지서들**』은 내 손에 있는 이 한 권의 책에 이미 들어 있었다.

다른 종교들은 하나같이 비정상적이다.

참으로 하나님께서 어떤 책을 쓰셨다면 인간들에게 알려 주실 수 있는 500개가 넘는 예언들을 빼놓고 그 책을 기록하셨겠는가? 하나님께서 역사의 사건들을 정하시기 위해 카지노의 룰렛을 돌리시겠는가? 아니면 동전을 던져서 "앞이냐, 뒤냐"로 결정하시겠는가?

진실로 하나님께서 "거룩한 문서"라고 할 만한 내용을 기록하셨다면, 그것을 기록하기 이전이나 기록할 당시 또는 기록한 이후에 일어날 일들을 과연 빼놓고 쓰셨겠는가?

만약 하나님께서 "거룩한 문서"를 기록하셨다면, 그 문서에서 무엇이 "거룩하다"는 것일까?

누구라도 "거룩한 문서"라는 이름이 붙은 문서를 기록할 수는 있을 것이다.

미래에 대해 알지 못하는 어떤 "신"이 "신성한 문서들"이나 "고귀한 코란" 따위를 쓰기도 했을 것이다. 그러나 『**진리의 성경**』(단 10:21)은 역사를 예언하는 데 실패하지 않는다. 성경은 장소에 구애받지 않고 가깝게는 10년에서 멀게는 2,000년까지 미래의 날씨, 국가, 교전, 동맹, 종교, 변절, 교회, 개인에 관하여 예언했다. 몇 가지 예를 들어 보자.

『**내가 너와 여자 사이에, 또 네 씨와 그녀의 씨 사이에 적의를 두리니, 그녀의 씨는 너의 머리를 부술 것이요, 너는 그의 발꿈치를 부술 것이라." 하시고**』(창 3:15). 이 성경 구절은 1,500년 후의 사건을 예언한 것이다.

『**홀이 유다에게서 떠나지 않을 것이며 실로가 오실 때까지 입법자가 그의 발 사이에서 떠나지 아니하리니, 그에게 백성의 모임이 있을지어다. 그의 어린 나귀를 포도나무에 매고 그의 나귀 새끼를 선별한 포도나무에 매며, 그의 옷들을 포도주로 빨고 그의 의복을 포도의 피로 빨았도다**』(창 49:10,11). 이 구절 역시 1,500년 이후의 사건들을 예언한 것이다.

『**주가 말하노라. 그러므로 너희는 내가 일어나서 먹이로 삼는 날**

까지 나를 기다리라. 이는 내 결심이 민족들을 모으는 것임이니 내가 왕국들을 모아서 그들 위에 내 분노, 곧 나의 모든 격노를 쏟으리라. 이는 온 땅이 내 질투의 불로 삼켜질 것임이라』(습 3:8). 이 성경 구절은 2,600년 후의 사건들을 예언하고 있다.

『이새의 줄기에서 한 싹이 나며 그의 뿌리들에서 한 가지가 자랄 것이라. **주**의 영이 그의 위에 머물리니 지혜와 명철의 영이요, 계획과 능력의 영이며, 지식과 **주**를 두려워하는 영이라. **주**를 두려워하는 가운데 그를 속히 명철케 하리니 그는 자기 눈으로 보는 대로 판단하지 아니하고 귀로 듣는 대로 책망하지도 아니하나, 가난한 자를 의로 판단하며 세상의 온유한 자를 위해서는 정직으로 책망하리라. 또 그는 그의 입의 막대기로 세상을 치고 자기 입술의 호흡으로 악한 자를 죽일 것이라. 의가 그의 허리띠가 되며, 신실함이 그의 옆구리의 띠가 될 것이니라. 또한 이리가 어린양과 함께 거하며 표범이 새끼 염소와 함께 누울 것이요, 송아지와 어린 사자와 살진 짐승이 함께하며 어린아이가 그들을 이끌리라. 암소와 곰이 함께 먹으며 그것들의 새끼들이 함께 누울 것이요, 사자가 소처럼 짚을 먹으리라. 또 젖먹는 아이가 독사의 구멍에서 장난하며, 젖뗀 아이가 독사의 굴에 손을 넣으리라』(사 11:1-8). 이 구절은 2,700년 이후의 사건들을 예언한 것이다.

『주의 백성을 주의 지팡이로 먹이소서. 칼멜의 한가운데 삼림 속에서 외로이 거하는 주의 유업의 양떼를 먹이소서. 옛날처럼 바산과 길르앗에서 그들을 먹이소서』(미 7:14). 이 성경 구절은 3,319년 후의 사건들을 예언하고 있다.

『왕께서 보셨는데, 손으로 다듬지 아니한 돌이 철과 진흙으로 된 그 형상의 발을 쳐서 산산이 부수니, 그 철과 진흙과 놋과 은과 금이 함께 산산이 부서져서 여름 타작마당의 쭉정이같이 되어 바람에 날려 사라져 간 곳이 없어졌으며, 그 형상을 친 돌은 태산을 이루어서 온 세상을 가득 채웠나이다』(단 2:34,35). 이 구절은 2,500년 이후의 사건들을 예언한 것이다.

『아모즈의 아들 이사야가 유다와 예루살렘에 관하여 본 말씀이라. 마지막 날들에 **주**의 전의 산이 산들의 정상에 세워질 것이요, 작은 산들 위에 높아지리니 모든 민족들이 그곳으로 몰려들 것이라. 많은 백성이 가며 말하기를 "너희는 오라, 우리가 **주**의 산에, 야곱의 하나님의 전에 올라가자. 그리하면 그가 그의 길을 우리에게 가르치실 것이며, 우리는 그의 길에서 행하리니 이는 율법이 시온에서 나오며, **주**의 말씀은 예루살렘으로부터 나올 것임이라." 하리라. 그가 모든 민족들 가운데서 심판하시며, 많은 백성을 책망하시리니 그들이 자기 칼들을 두들겨서 보습을 만들며, 자기 창들을 두들겨서 낫을 만들 것이요, 민족이 민족을 대적하여 칼을 들어올리지 아니할 것이며,

그들이 더 이상 전쟁을 배우지 아니하리라. 오 야곱의 집아, 오라, 우리가 주의 빛 안에서 행하자. 그러므로 주께서 주의 백성 야곱의 집을 버리셨나니 이는 그들이 동쪽으로부터 다시 채워졌으며, 필리스티아인들처럼 점쟁이들이기 때문이요, 그들이 타국인들의 자손들 가운데서 즐거워하기 때문이니이다. 또한 그들의 땅에는 은과 금이 가득하고 보물은 끝이 없으며, 그들의 땅에는 말들이 가득하고 병거들은 끝이 없나이다』(사 2:1-7). 이 성경 구절은 2,630년 후의 사건들을 예언한 것이다.

『주께서 아모리인을 이스라엘 자손 앞에 넘겨주시던 날에 여호수아가 주께 고하였으니 그가 이스라엘의 목전에서 말하기를 "태양아, 너는 기브온 위에 머무르고, 달아, 너는 아얄론 골짜기에 머무르라." 하자』(수 10:12). 이 구절은 3,439년 후의 사건들을 예언하고 있다.

『보라, 주의 날이 오나니, 네 약탈물이 네 가운데서 나뉘리라. 내가 모든 민족들을 모아 예루살렘을 대적하여 싸우게 하리라. 성읍은 함락되고 집들은 강탈당하며 여자들이 욕을 당하고, 성읍의 절반이 사로잡혀갈 것이나, 백성의 나머지는 성읍에서 끊어지지 아니하리라. 그때에 주께서 나가 그 민족들을 대적하여 싸우시리니, 전쟁의 날에 싸우셨을 때처럼 하시리라. 그의 발이 그 날에 예루살렘 앞 동편에 있는 올리브 산 위에 서시리니, 올리브 산은 그 중간이 동쪽과

서쪽으로 갈라져 매우 큰 골짜기가 생길 것이며, 산의 절반은 북쪽으로, 산의 절반은 남쪽으로 옮겨지리라. 너희는 산들의 골짜기로 도망하리니, 이는 산들의 골짜기가 아살까지 미칠 것임이라. 정녕 너희가 도망하리니, 마치 유다의 웃시야왕의 시대에 너희가 지진 앞에서 도망했던 것과 같으리라. **주** 나의 하나님께서 오시리니, 모든 성도들이 주와 함께하리이다. 그 날에는 빛이 명료하지 아니하고 어둡지도 아니하리라. 그러나 **주**께 알려질 한 날이 있으리니, 낮도 아니요 밤도 아니나 저녁 무렵에 빛이 있게 되리라. 그 날에는 생수가 예루살렘으로부터 솟아나서 그 절반은 앞 바다로 그 절반은 뒤 바다로 흐르리니, 여름과 겨울에도 그러하리라. **주**께서는 온 땅을 치리할 왕이 되시리니, 그 날에는 한 분 **주**께서 계실 것이며, 그의 이름 하나만 있으리라. 그 온 땅이 게바에서 예루살렘 남쪽 림몬까지 평원처럼 바뀔 것이요, 예루살렘은 높여져서 그곳에 사람이 거하게 되리니, 베냐민 문으로부터 첫째 문 자리와 모퉁이문까지와, 하나느엘 망대로부터 왕의 포도주 짜는 데까지라. 그 안에 사람들이 거하리니, 더 이상의 파멸은 결코 없을 것이며, 예루살렘에는 안전하게 사람이 살리라. **주**께서 예루살렘을 대적하여 싸운 모든 백성을 치실 재앙이 이러하리니, 그들이 그 발로 서 있을 때에 그들의 살이 녹아 없어질 것이요, 그들의 눈이 그 구멍 속에서 녹아 없어질 것이며, 그들의 혀가 그 입에서 녹아 없어질 것이라. 또 그 날에는 **주**로부터 큰 소동이 그들 가운데 임하리니, 그들이 각기 자기 이웃의 손을 잡을 것이며

또 자기 손을 들어올려 자기 이웃의 손을 치리라. 유다도 예루살렘에서 싸울 것이요, 에워싼 모든 이방의 재물, 곧 금과 은과 의복이 지극히 풍부하게 모아지리라. 또 말과 노새와 낙타와 나귀와 그 장막들 안에 있게 될 모든 짐승들의 재앙도 이 재앙과 같으리라. 예루살렘을 치러 온 모든 민족들 가운데서 남아 있는 자도 각기 그 왕, 만군의 주께 경배하러, 또 장막절을 지키려고 해마다 올라올 것이라. 땅의 모든 족속 중에서 그 왕, 만군의 주를 경배하려고 예루살렘에 올라오지 아니하는 자들에게는 비가 내리지 아니하리라. 만일 이집트의 족속이 올라오지 아니하면, 비가 없을 것이며, 재앙이 있으리니 그 재앙으로 주께서 장막절을 지키려고 올라오지 아니하는 그 이방을 치시리라. 이것이 이집트의 벌이 될 것이요, 장막절을 지키려고 올라오지 아니하는 모든 민족들의 벌이 되리라. 그 날에는 말들의 방울들 위에 '주께 거룩함'이 있을 것이요, 주의 집에 있는 솥들도 제단 앞에 있는 대접들과 같게 되리라. 정녕, 예루살렘과 유다에 있는 모든 솥이 만군의 주께 거룩함이 될 것이요, 희생제를 드리는 자들이 모두 와서 솥들을 가져다가 거기에 삶으리라. 또 그 날에는 만군의 주의 집에 카나안인이 더 이상 있지 아니하리라』(슥 14:1-21).
이 성경 구절은 2,430년 후의 사건들을 예언한 것이다.

『이는 주가 야곱에게 자비를 베풀고 이스라엘을 여전히 택하여 그들을 그들의 본토에 둘 것이요, 타국인들은 그들에게 연합하게 되

어 야곱의 집에 붙어 있게 될 것임이라. 백성이 그들을 취하여 그들의 본토로 데려올 것이요, 이스라엘 집은 주의 땅에서 그들을 남종들과 여종들로 차지할 것이요, 또 그들은 자기들을 사로잡았던 자들을 사로잡고 자기들을 압제하던 자들을 주관하리라. 그 날에 주가 네 슬픔과 네 두려움과 네가 섬기게 되었던 고역으로부터 네게 안식을 주리니』(사 14:1-3). 이 구절은 3,800년 후의 사건들을 예언하고 있다.

『**나의 하나님, 나의 하나님, 어찌하여 주께서는 나를 버리셨나이까? 어찌하여 나를 돕지 아니하시며 나의 신음하는 말들을 멀리하시나이까? ...그들이 그들 가운데서 내 겉옷을 나누고 내 속옷을 제비뽑나이다**』(시 22:1,18). 이 성경 구절은 990년 후의 사건들을 예언한 것이다.

세상의 온갖 잡다한 "신성한 문서들"을 연구하면 할수록, 그 문서들을 통해 대면하게 되는 모든 자들이 그저 독선적이고, 기만적이며, 경건한 체하고, 제멋대로 추측하기를 좋아하는 한통속의 이기주의자들에 불과하다는 인상을 지울 수 없게 된다. 그들은 하나님의 책과 경쟁한답시고 역사를 거쳐 오는 동안 내내 허세를 부리고 있다.

『**주의 말씀들은 순수한 말씀들이라. 흙 도가니에서 단련되어 일곱**

번 정화된 은 같도다. 오 주여, 주께서 이 말씀들을 간수하시리니 주께서 이 세대로부터 영원토록 그것들을 보존하시리이다』(시 12:6,7).

『지금이라도 주께서 그들의 죄를 용서하시기를 원하나이다. 만일 그렇게 하지 않으시려거든 간구하오니 주께서 기록하신 주의 책에서 나를 지워 버리소서." 하니』(출 32:32).

어떤 종교적인 헛소리꾼도 하나님께서 쓰신 이 한 권의 책에 있는 내용을 다룰 수 없다. "경쟁자"로서의 자격을 얻으려면, 이 책의 저자께서 요구하셨던 대로 **『앞으로 있을 일들을 우리에게 선포**』(사 41:22)할 수 있어야 한다.

『그들로 주장들을 내어 놓고 무슨 일이 일어날지를 우리에게 보이게 하라. 그들로 이전 일들을 보이게 하여, 그것들이 무엇이든지 간에, 우리로 그 일들을 숙고하고 그 일들의 나중 결말도 알게 하라. 아니면 앞으로 있을 일들을 우리에게 선포할지니라. 이후에 있을 일들을 보여 주어 우리로 너희가 신들인 것을 알게 하라. 정녕, 선을 행하거나 악을 행하라. 우리가 놀라며 그것을 함께 보리라』(사 41:22,23).

사람들은 엠파이어스테이트 빌딩을 도덕과 종교적인 신념에 관한 의견을 기록한 종이들로 가득 채웠지만, 그들 중 어느 누구도 "성경"을 쓰지는 못했다. 모두 무자격자들이다. "필요한 수준"에 올라서지 못했다. "결승전" 근처에도 못 미쳤다.

"2,300만 권 중의 한 권"을 150번 이상 읽은 지금, 나는 절대적으로, 전적으로, 의심 없이 확신한다. 이 한 권의 책은 어떤 단순한 종교 서적이 아니고, 역사책이라는 사실을 말이다.

이 역사책은 〈코란〉, 〈몰몬경〉, 〈카톨릭 교리문답서〉, 〈노아의 율법〉, 〈함무라비 법전〉, 〈위대한 어부〉, 〈성경의 열쇠〉, 〈성의〉, 〈하나님의 노래〉, 〈금강반야경〉, 〈어린이 동요집〉, 〈탈무드〉, 〈미드라쉬〉, 〈카발라〉, 〈피터 팬〉, 〈그의 발자취를 따라〉 등의 저급한 책들이 꽂혀 있는 책장에 함께 있어야 할 아무런 이유가 없는 책이다.

이 역사책은 대학의 역사학 과목 "강의계획서"에서 교재로 선정된 적이 없다. 반면 "종교 철학," "종교적 신념과 신앙," "고대 종교" 등과 같은 과목의 강의계획서에서는 항상 발견된다.

이 책이 "과학"이나 "수학" 과목의 강의계획서에서는 발견되지 않는 이유가 무엇인가?

이 책에는 지난 6천 년간 어떤 수학자나 진화론자, 물리학자 또는 "우주 시대" 과학자들도 복제해 낼 수 없었던 수학적인 현상들이 들어 있다!

종교문헌들을 다룰 때는 자신이 얼마나 객관적인지 자랑을 늘어

놓으면서도, 가장 객관적이고 "중립적인" 과학(수학)을 제멋대로 거절한 이 멍청한 21세기 과학자들의 그토록 무한한 자만심은 어디서 나오는 것일까?

3개 대륙에 걸쳐 1,800년이 넘는 기간 동안에 40명의 저자에 의해서 기록된 한 권의 책이 여기에 있다. 이 한 권의 책은 역사적인 사건들을 다루면서, 초당 5,000만 개의 정보를 처리할 수 있는 컴퓨터도 보여 줄 수 없는 수학적인 기적을 보여 준다. 이 한 권의 책이 도대체 어떤 기이한 특성을 가졌기에 "현대인"들은 이 책을 대수롭지 않게 여긴단 말인가? 또한 이 책의 저자들을 조셉 스미스나 모로나이, 테레사 수녀, 고타마 붓다, 마호메트, 칼릴 지브란, 진 딕슨, 마더 쉽턴, 노스트라다무스, 교황, 추기경, 수도승 또는 원숭이와 같은 부류로 묶어 버리는 것인가?

당신에게 그 "기이한 특성"이 무엇인지 말해 주겠다. 그것은 이 역사책이 창세기 3장에서부터 요한계시록 20장까지 "인간"에 대한 부정적인 모습을 제시한다는 것이다. "인간들"이 이 책을 썼는가? 그렇다면 왜 그들은 1,200쪽 분량의 내용을 기록하는 내내 자기 자신을 공격하는가? 어째서 40명이 넘는 유대인에 의해 기록된 유대인의 책이 400쪽 분량이 넘는 1,000개 이상의 구절에서 유대인들 자신을 공격하는 글들로 채워져 있는가? 2,300만 권의 책들 중에서 이 책에 비견될 만한 책이 단 한 권이라도 있는가?

물론 존재하지 않는다.

미국 의회 도서관에 있는 2,300만 권의 책들 중에서 이 한 권의 책처럼 기록된 책은 단 한 권도 없다. "정말이지 없다. 단 한 권도 없다!"

이 한 권의 책과 비교해 볼 때, 코란은 싸구려이며, 수준 낮고, 피상적이며, 종교적인 허튼소리이다. 코란의 저자는 한 명이지만, 그 자신마저도 글을 쓸 줄 몰랐다. 더욱이 자기의 종교를 받아들인 사람이 지옥에 간다는 저주를 기록하게 하지도 않았다.

그러나 이 한 권의 책은 사람들을 저주한다. 게다가 이 책을 기록한 바로 그 종교의 국가를 저주한다!

『너희가 내 앞에 나타날 때 너희 손에 이것을 가져와 내 뜰들을 밟으라고 누가 요구하였느냐? 헛된 예물을 더 이상 가져오지 말라. 분향은 내게 가증함이요, 새 달들과 안식일들과 집회들을 모으는 것도 내가 견딜 수 없으니 심지어 엄숙한 모임까지도 악한 것이니라. 너희의 새 달들과 정한 명절들을 내 혼이 싫어하노라. 그것들은 내게 짐이요, 내가 지기에 피곤하노라』(사 1:12-14).

『또 내가 너희에게 말하노니, 많은 사람들이 동과 서에서 와서 아브라함과 이삭과 야곱과 더불어 천국에 앉으려니와 그 왕국의 자녀들은 바깥 흑암에 던져져서 거기에서 울며 이를 갈고 있을 것이라." 하시고』(마 8:11,12).

『**형제들아, 너희가 그리스도 예수 안에서 유대에 있는 하나님의 교회들을 따르는 자들이 되어 그들이 유대인들에게서 고난을 받은 것 같이 너희도 너희 나라 사람들에게서 동일한 것을 받았으니 그들은 주 예수와 자기들의 선지자들을 죽였고 우리를 박해하였으며 하나님을 기쁘시게 하지 아니하고 모든 사람들을 대적하여 우리가 이방인들의 구원을 위하여 말하는 것을 금지시킴으로써 항상 자신들의 죄들을 채우니, 이는 그들에게 임한 진노가 극에 달하였음이니라**』(살전 2:14-16).

이 얼마나 이상한 "종교" 서적이란 말인가?

제 2 장

사람들의 언어로 기록된 최신 번역

이제부터 아이큐 300의 어떤 교육자나 지성인에 의해서도 이성적으로나 논리적으로 설명이 불가능한 수학적 경이로움에 대해 살펴보자.

우리는 먼저 『**태초**』(창 1:1)부터 시작할 것이다.

그것은 율법이라고 불리는 한 권의 책에서 발견할 수 있다. 율법은 유대인에 의해 기록되었는데, 유대인들에게는 『**하나님의 말씀들**』(롬 3:2)이 맡겨졌다. 우리는 율법의 첫 번째 책을 모세의 첫 번째 책이라고도 부르며, 모세가 기록한 나머지 네 권의 책까지 포함하여 모세오경(창세기, 출애굽기, 레위기, 민수기, 신명기)이라고 부른다. 이 역사의 "시작"에 직면했을 때, 찰스 다윈은 자신의 오랑우탄들, 안경원숭이들, 여우원숭이들, 침팬지들, 고릴라들과 함께 바나나 다

발에 그들의 오만한 코를 처박고, 모세는 창세기의 저자가 아니라고 선언한다. 그리고 그라프, 벨하우젠, 셀머, 쿠에넨, 데베트가 지난 세월(A.D. 1800-1990) 자기들이 키워 온 6만 명 이상의 제자들과 더불어 즉시 다윈에게 합류하는데, 그들은 창세기의 저자가 알려지지 않은 기록자 "J"와 "E"로서 이들이 미확인된 기록자 "L"과 무명의 "편집자"의 도움을 받아 모아서 만든 것이라고 선언한다. 물론 다 어림없는 헛소리들이다.

그래서 만왕의 왕, 만주의 주로부터 나온 왕의 법칙의 첫 번째 항목이 선포될 때, 인간들은 자신의 진정한 역사를 다루는 것을 피하고자 "어른들을 위한 동화"(진화론)를 발명한다. 이 동화는 아주 조잡한 추측(빅뱅, 적자생존)에 의해 지지된다. 이와 비슷한 시도들은 그리스도인의 최종권위인 〈킹제임스성경〉을 거부하고 변개시키는 현대의 배교한 신학자들 및 목사들에 의해 계속해서 자행되고 있다.

그러나 우리는 "많은 책들을 만들" 때, 죄인들을 헷갈리게 하는 그런 잡동사니들을 다루지 않고, 오직 한 권의 책만을 다룰 것이다. 오늘날 이 책은 어디에서든 쉽게 구할 수 있다.

어느 화창한 날, 역사가 시작되기 전 어느 시점에, 알파와 오메가이신 분께서는 자기 자신에게 말씀하셨다. "책 한 권을 써야겠군. B.C. 4000년 재창조 때 내가 했던 말부터 시작하여, 저 아래에서 톰, 딕, 해리, 메리, 제인, 샐리 등이 한창 책들을 쓰느라 열중하고 있을 A.D. 3000년까지의 내용을 말이야. 이제 역사가 시작되면,

〈사자의 서〉, 늙은 〈바바〉, 〈이푸베르〉, 〈달변가 농부〉, 〈스네페루의 제사장〉, 그리고 모든 종류의 〈베다〉, 〈샤스트라〉, 〈푸라나〉, 그리고 〈길가메쉬 서사시〉가 나오겠지. 내가 이런 싸구려 문학작품들보다 더 나은 책을 쓸 수 없다면, 이것을 다곤이나 몰렉, 바알, 토르, 제우스, 주피터 같은 신들에게 넘겨주는 게 나을 거야. 그러면 그들이 책을 쓰겠지”(렘 10:11).

그래서 주 하나님께서는 역사를 시작하시고 약 2,500년이 지났을 무렵, 모세를 산으로 부르시어(출 24:12,18) 이렇게 말씀하셨다. “자, 보아라, 아들아! 나는 이제 막 출판업을 시작하려고 한다. 내 책이 어떤 다른 책을 다섯 권 합쳐 놓은 것보다 훨씬 많이 팔려 ‘베스트셀러’가 되었으면 좋겠는데, 그렇게 될 수 있을까?”

이에 모세는 다음과 같이 대답했다. “물론입니다. 주님께서는 엘샤다이, 전능하신 하나님이십니다. 주님께는 모든 것이 가능합니다.”

그리고 이런 대화가 이어졌을 것이다.

“하지만 나는 아직 그것을 결정할 수 없구나. 내가 쓴 책이 너무 뛰어나서, 내 책을 믿지 않는 사람들도 이 책을 인용할 수밖에 없고, 내 책을 경멸하는 사람들도 이 책을 이용할 수밖에 없게 만들고 싶거든. 동시에 책이 너무 쉬워서 7살짜리 아이도 내 책의 중요한 내용들을 모두 배워서 이해할 수 있었으면 좋겠는데, 과연 그렇게 될 수 있을까?”

“확실히 됩니다! 되고말고요! 주님께서는 세상의 모든 서기관을 만드신 분입니다. 당연히 그들 중 누구보다도 글을 잘 쓰시고요. 빨리 시작하십시오. 그리고 출간되면 저도 꼭 한 권 주십시오!"

"글쎄, 지금은 글을 쓰는 데 약간의 애로 사항이 있구나."

"그게 무엇입니까? 말씀해 주십시오. 제가 주님을 만난 이래로 지금까지 제가 하는 모든 일에도 '애로 사항'이 있었지 않습니까."

"그래, 하면서 배우는 거야! '시련은 인내를 이루는 법이니까!' 그 애로 사항이라는 게 말이지. 모세 네가 서기가 되어야 한다는 거란다!" 거룩하신 아버지 하나님께서 모세에게 말씀하셨다.

"누구요? 저 말입니까? 저는 주님께서 말씀하시는 그런 책을 쓸 능력이 없어요! 설마 정말로 제가 그런 책을 쓸 수 있다고 생각하시는 건 아니시겠죠?"

"글쎄, 나는 네가 왜 안 된다고 생각하는지 이유를 모르겠구나. 너 말고 누가 그걸 할 수 있다는 거지? 너는 『**이집트인들의 모든 지혜를 배워**』(행 7:22) 알고 있지 않니? 양을 치며 광야에서 40년간 살았고, 일기장에 기록을 해 가며 글쓰기 실력도 늘렸잖니. 나는 모세 네가 바로 그 일에 적합한 사람이라고 생각한단다."

"그게 말이죠, 퓰리처상을 받을 만한 그런 책을 쓰려면 도대체 기간이 얼마나 걸릴까요?"

"자, 모세야, 용기를 내라. 그것에 너무 집착할 필요는 없다. 지금 40일이 있고, 나중에 내가 40일을 더 줄 거야(신 10:10). 이 정도 시간이면, 다섯 권 정도는 쉽게 쓸 수 있어!"

"다섯 권이요? 맙소사! 80일 만에 다섯 권을 쓰라고요? 저는 루이 다무르나 아가사 크리스티가 아닙니다. 그건 16일에 한 권씩 쓰라는 말씀이지 않습니까!"

"글쎄다, 그 책들은 아주 짧은 책들이거든. 한 권당 60쪽 정도밖에 안 되지. 그리고 그걸 한 권으로 묶어서 『**율법책**』(왕하 22:8)이라고 부를 거야. 어때, 모세야, 하루에 한 다섯 쪽 정도씩만 쓰면 되는 거다."

"알겠습니다, 알겠어요. 그럼 그 모든 자료는 다 어디서 구하죠?"

"물론, 모두 나한테 있지."

"알겠습니다. 주님. 그러면 주님께서 쓰신 걸 베껴 쓰면 됩니까? 아니면 불러 주시는 걸 받아 적으면 되나요? 아니면 또 다른 방법이 있습니까?"

"음, 그래. 모세 네가 이 책을 쓴 이후에도 이 책이 확실히 살아 있게 하려면, 내가 그것을 불러 주어야 할 것 같다. 물론 내가 불러 줄 때(딤후 3:16, 벧후 1:21), 나의 호흡을 거기에 불어넣을 거야. 그러면 네가 쓴 글들은 『**영감으로 주어진 것**』이 된단다. 말하자면 나는 말하고, 너는 쓰고."

"좋습니다. 그런데 필기도구는 뭐로 하실 거죠? 나중에 학자라는 자들이 B.C. 1500년 이 지역에서는 찍어 쓰는 펜 같은 것이 없었다고 할 텐데요(판 5:14). 그래서 모세는 펜을 사용했을 리 만무하다고 말하겠죠."

"그런 건 걱정 마라. 그 우쭐대는 반만 구워진 '뒤집지 않은'(호 7:8) 무식쟁이들은 신경 쓰지 마라. 나에게는 너에게 필요한 모든 잉크가 다 있고, 품질 좋은 용지도 많이 있단다. 또 네가 펜촉을 다 쓰면, 네가 볼펜의 '볼'자를 얘기하기도 전에 거위 깃털 펜 두 다스를 즉시 가져다주겠다."

그리하여 주 하나님께서는 모세가 앉기에 좋은 부드러운 바위를 골라 주셨고, 말굽 모양의 책상을 만드셨으며, 파피루스 500장을 가져다 주셨다. 그리고 모세가 메모판으로 쓸 수 있도록 얇고 매끄러운 멋진 대리석 돌판도 준비하셨다. 또한 깃털 펜 두 다스와 만년잉크 250ml도 책상 위에 놓으셨고, 히브리어 문자를 잘 기록할 수 있도록 글자 도안용 펜촉도 둥근 촉, 두꺼운 촉, 평평한 촉, 가는 촉, 이렇게 종류별로 갖다 주셨다.

모세를 위해 모든 준비가 갖추어졌을 때, 하나님께서 말씀하셨다. "이제 우리는 계속해서 9시간 동안 한 시간 일하고 15분간 쉬는 방식으로 작업을 할 것이다. 그러면 하루에 10시간이 된다. 잠은 매일 8시간씩 자고, 글은 낮에만 쓸 것이다."

이렇게 해서 시작이 되었다(창 1:1).

하나님께서 말씀하셨다. "이 말씀을 기록하라! 『**태초에 하나님께서 하늘과 땅을 창조하셨느니라.**』"

모세가 대꾸했다. "책을 시작하는 방식치곤 좀 어설픈 거 아닐까요? 3인칭 시점으로 글을 쓰시는 이유가 있으신가요? 주님께서 하늘과 땅을 만드셨으니까, "내가 하늘과 땅을 만들었느니라."로 시작하시면 어떠실는지요?"

"나중에는 그렇게 쓸 것이다(사 42:5, 45:18). 모세야 서두르지 마라. 너도 이 백성을 알다시피, 이들은 나와 그들 사이에 중재인(욥 9:32,33)이 없는 게 싫어서 항상 불평을 늘어놓지 않느냐(출 20:19,20). 나를 나타내 보일 때까지 잠시 동안은 모세 네가 중재하는 게 최상일 것이다(출 32:13,14, 행 7:35, 갈 3:19,20)."

"주님을 나타내실 때까지요? 어디에서 나타내실 때까지를 말씀하시는 겁니까? 제가 여기 오기 전에 이미 나타내셨지 않습니까!"(출 19:18)

"모세야, 설명을 다 하기도 전에 앞질러 가면 안 된다. 그들 중 어느 누구도 모세 네가 나를 보아 온 것처럼 나를 본 사람은 아무도 없어(신 34:10). 그렇지 않느냐?"

"물론, 그렇습니다. 그렇다면 주님께서는 저한테 나타나셨던 것처럼 그들에게 나타나실 때까지 중재자로서 저를 쓰시겠다는 뜻입니까?"

"그렇지는 않다. 『**모든 육체**』(사 40:3-5)가 나를 보게 되는 때보다는 좀 더 낮게 나 자신을 드러내야만 할 것이다. 만약 내가 너희들 앞에 내 모습과 다르게 구름 기둥과 불 기둥으로 나타나지 않는다면, 사람들은 그저 천사가 중재한다고 생각하겠지(행 7:30, 갈 3:19). 그럴 경우 너 같으면 나를 따르겠느냐?"

"어떤 식으로든 따르지 못할 겁니다."

"어쨌든 미래의 어느 날 모세 너나 다른 천사가 아닌 바로 나 자신이 중보자(딤전 2:5)가 되는 날이 올 것이다. 하지만 그건 지금 쓸 내용이 아니고, 일단 『**태초에 하나님께서 하늘과 땅을 창조하셨느니라.**』라고 써라."

"그런데 '엘로힘'은 '하나님'이라는 뜻으로 쓰신 건가요, 아니면 '신들'이라는 의미로 쓰신 건가요?"

"내가 뭐라고 말했느냐?"

"주님께서는 '하나님'이라고 말씀하셨지만, '엘로힘'은 복수형이니 번역하면 '신들'이 될 수 있지 않습니까."

"조금 전에는 책을 시작하는 방식이 어설프다더니, 이제는 더욱 멍청한 얘기를 하는구나. 너도 알다시피 『**신들**』(시 82편)은 어떤 것도 창조하지 않았다"(렘 10:11).

"오, 맞습니다. 제가 깜빡했습니다."

"모세 너는 깜빡하는 습관이 있어. 지난번엔 『**할례**』(출 4:24-26)도 깜빡했었잖니? 자, 이제 쓰기만 해라. 너는 나에게 히브리어 문법을 설명할 필요가 전혀 없어. '샤마임'은 '하늘'이라고 번역해야 해. 그래, 물론 나도 '샤마임'이 복수형인 건 알고 있다. 하지만 나는 아직 '하늘들'을 만들지 않았어. 나중에 헬라어(복수형, '우라노이')에서 올바르게 발음되지 않으면, 영어로 바꾸어 단수형 'heaven'으로 할 것이다"(마 13:24,31,33,44,45,47).

이렇게 해서 이 책은 시작되었다. 시작(출 3:14) 이전부터 하나님께서 거기에 함께 계셨기 때문에, 이 책은 하나님과 함께 시작될 수밖에 없었다. 또한 하나님께서는 자신을 『**말씀**』(요일 1:1,2, 요 1:1-7)이라고 칭하셨기 때문에 이 책은 말씀들과 함께 시작될 수밖에 없었다.

엉뚱해 보이기도 하고 평범해 보이기도 하는 열 단어로 된 이 하나의 문장은 한 가지 역사적 사건을 기록함으로써, 인류가 가장 좋아하는 6가지 종교를 공격하는 글이 되었다. 이 문장은 단호하게, 노골적으로, 그리고 공개적으로 다음 종교들을 부인한다.

1. 우선 물질 및 우주의 영원성과 진화에 대한 믿음을 공격한다. 이에 탈레스, 소크라테스, 플라토, 아낙시만드로스, 아낙시메네스, 피타고라스, 아리스토텔레스, 다윈, 국립지리학회가 저기 창밖으로 사라져 버렸다!

2. 유물론과 범신론에 대한 믿음을 무너트린다. 하나님께서는 그의 창조물들과는 분리되어 있는 분이시며, 창조물들보다 이전에 존재하셨다. 스피노자, 데카르트, 물활론, 힌두교, 윌리엄 제임스, 존 듀이, 버트런드 러셀, '우주 시대' 과학자들이 사라져 버렸다.

3. 무신론에 대한 믿음을 공격한다. 『**하나님**』이라는 단어가 성경

첫절부터 존재한다. M.M. 오헤어와 미국무신론발전협회, 볼테르, 루소, 버트런드 러셀, 밥 잉거솔, 그 외 어리석은 자들이 제거되었다. ("어리석다"는 표현은 내가 처음 쓴 단어가 아니다. 시편 14:1을 보라.)

4. 운명론에 대한 믿음을 무너트린다. 이것은 우주가 그 안에 사는 거주자들인 인류와는 무관하게 맹목적으로 "진화"의 길을 따라간다는 믿음이다. 그러나 창세기 1장에서 하나님께서는 시간에 개입하시고, 사람이 거주할 장소로 지구를 창조하셨다(사 45:18).

5. 다신교에 대한 믿음을 공격한다. '신들'이 아니고, 하나님께서 창조하신 것이다. 인도와 그 주변 지역에는 3억의 신들이 있다. 그러나 이 공격 앞에 그리스 신화와 모든 『**아테네 사람들**』(행 17장)이 사라져 버렸다.

6. 상대주의(상대 시간, 상대 속도, 상대 거리, 도덕적 상대주의 등)에 대한 믿음을 무너트린다. 하이젠베르크, 아인슈타인, 호킹, 그리고 여러분의 모든 친구들이여, 잘 가거라. "관찰자"는 항상 "자신의 관점에서 현상을 관찰"하기 위해 존재한다. 아무도 무언가를 관찰할 관찰자로 다른 사람을 필요로 하지 않는다. 어떤 시간, 거리, 공간, 속도, "도덕적" 가치에 관하여 누가 어떤 생각을 하든지 그것

은 무관한 생각이다. 자기의 관점, 즉 (아인슈타인의 쓰레기 같은 허튼소리에 의하면) "관찰자"의 관점에서 사람은 무엇이나 상상할 수 있다. 누구나 자기 좋을 대로 측정 기준을 잡을 수 있다. 그러나 그것이 다른 사람에게 아무런 영향도 미치지 않는다. 하나님께서는 이미 저녁과 아침을 정하셨는데, 그것에 따라 하루는 24시간이고(요 11:9) 음력 1년은 360일이 된다(창 7:11; 8:4,5,13).

B.C. 4000년부터 A.D. 2000년 사이에 살았던 어떤 사람이 (또는 화성이나 목성에 사는 외계인이나 알파 드라코니스나 알파 센타우리에 사는 어떤 "관찰자"가) 시간의 절대적인 정의에 관하여 생각했다면, 그것은 하찮은 쓰레기에 불과하다. 그들이 "계산한 수치들"을 연구하는 데 시간을 할애하는 것은, 코를 푸는 데 시간을 할애하는 것보다 가치가 없는 짓이다.

하나님께서는 친히 창조하신 피조물들의 종교적 신념들을 그들을 창조하시기도 전에 이미 공격해 놓으신 것이다(행 17:28). 하나님께서는 그분의 역사책을 시작하시자마자 목적을 갖고 그렇게 하신 것이다. 하나님께서는 문자로 기록된 역사 속에 그런 방법으로 자신을 등장시키셨다.

이것이 바로 1918년 이래로 모든 교황들이 창세기 1-11장에 있는 문자적이고 역사적인 사건들을 거절하고 독일 합리주의자들의 "초역사"를 채택한 이유이다. 웨스트코트와 홀트(RV 1885)도 아주 똑같이 그렇게 했고, 진화론자인 아돌프 히틀러와 찰스 다윈도 그랬다. 그리고 미국과 영국에 있는 모든 세속적인 대학들도 마찬가지였다.

그들 중에 "하나님께서 일들을 시작하셨다"는 것을 인정한 사람이 있다 하더라도, 하나님께서 친히 기록하신 확고한 계획을 수행하시기 위해 역사 속으로 들어오셔서 실제적이고, 지성적이며, 의도적인 안내자로서의 위력을 발휘하신다는 사실을 인정하지는 않는다.

그들이 말하는 "하나님"은 소위 그들의 "종교"라는 틀에 완전히 갇혀 있다. 아니, 손발이 꽁꽁 묶여 있다는 표현이 더 적절하다. 그들에게 있어서 하나님은 "만물의 척도"(즉 인간!)가 그분께 할당한 경계 안에 영원히 머물러 있어야만 한다. 그래서 하나님이 인류의 계획에 간섭해서는 안 되는 것이다.

결국 모세는 꼼짝없이 "책임을 지고 작업에 착수해야" 했다. 그의 상관께서는 모세에게 지구상의 2,300만 권을 포함한 모든 책들 중에서 가장 변칙적이고, 비전통적이며, 가장 이상한 "종교" 서적을 쓰게 하실 참이었다.

이 "종교" 서적은 B.C. 4000년부터 A.D. 3000년 사이에 발생하는 인류 역사 속의 사건들에 대한 상세한 설명과 주석이 될 것이다. 그 외의 다른 모든 종교 서적들과는 달리, 군대 소집(민 1장), 명예 훈장을 받은 사람들(삼하 23장), 팥죽을 먹는 사람들(창 25장), 자기의 자녀를 먹는 여인들(왕하 6장), 여동생을 강간한 오빠(삼하 13장), 도끼머리를 잃은 목수(왕하 6장)에 대해서, 그리고 종교나 신앙, "성사," 하나님에 대한 믿음, 교회 회원, 황금률, 십계명 또는 사후의 삶과 관련하여 그가 살았든지 죽었든지 지상 어느 누구의 삶에도 영향을 미치지 못했던 "아무것도 아닌 사람들"의 목록을 계속해서 열거하는 데 많은 지면을 할애할 것이다(창 10,36장, 대상 1-10,23-26장).

그러나 그들 중 누구도 반야(지혜)나 삼매(또는 열반)를 얻으려고 노력하지 않았으며, 업보를 제거하기 위해 공을 들이지도 않았다. 어느 누구도 가부좌를 틀고 무언가에 대해 명상에 잠기지도 않았다. "연옥"은 고사하고 "하늘"이나 "지옥"에 간다고 언급한 적도 없다. 그들의 이름들을 열거한 명단은 미국 뉴욕에 있는 브루클린 다리를 만드는 것만큼이나 누군가의 "종교"와 전혀 무관하다.

모든 심오한 책들 중에서도 가장 기이한 이 책 속에서, 저자이신 하나님께서는 인간과 태양계의 창조, 그리스도의 동정녀 탄생과 피의 속죄, 중생과 지상에 평화를 가져오는 방법에 관해 기록하시는 데 할애한 시간보다 사막 뒤편에 세워질 회색 천막의 구조에 대하여 기록하시는 데 더 많은 시간을 할애하실 것이다.

지상에 존재하는 어떤 종교 "경전"의 저자일지라도 두 사람이 무엇을 먹을 것인가에 관한 논의로 그 내용을 시작하려고 생각하지는 않았을 것이다. 그러나 이 기이한 "경전"에는 두 번째와 세 번째 장에서 "먹다"라는 단어가 17번이나 나온다.

어떤 다른 "경전"에서도 잘못된 나무에서 나는 잘못된 과일을 먹은 결과들을 알려 주기 위해 어떤 인물을 등장시키지 않는다.

주목하라! 광야에서 노새를 발견한 『**아나**』(창 36:24)가 여기에 나온다. 이 얼마나 대단한 계시인가! 이것은 "축복"이나 다름없다!? 그리고 다음의 "사실"도 유념해 보라. 한 암살범이 다섯 번째 갈비뼈 밑을 찔러 한 희생자를 살해했다. 도대체 사람이 "하나님에 관한 의식"(God consciousness)을 묵상함으로써 어떤 계시들을 얻을 수 있단 말인가! 이 사실도 주의해 보라. 하나님께서 당신에게 빛을 주시기 위해 이런 사실을 그분의 책 속에 넣으셨다는 사실이 기쁘지 않은가? 『**여라므엘에게 다른 아내도 있었으니 그녀의 이름은 아타라로 오남의 어머니더라**』(대상 2:26). 이해가 되는가? 이 얼마나 신성한 계시인가!

알라의 이름이나 연옥, "성모송," 선택, 절대적인 회개, 황금률, 만트라(주문), 명상, 라마단(이슬람력 9월의 금식 기간), 음양설, 업보, 묵주, 9일 기도, 면죄부, 경전기(티베트 불교에서 기도나 명상 때 돌리는 바퀴 모양의 경전), 양초, 요가, 파티마(카톨릭이 공식적으로 인정한 성모 발현지), 셰하다(임종이 임박했을 때 명복을 비는 이슬람교도의 기도), 중생, 안식일 중에서 과연 어떤 것이 누군가의 "종교" 안에 있는 "종교적인" 어떤 것과 관련이 있는가?

결코 없다.

더욱이 성경 안에는, 룻이 얼마나 많은 보리를 시어머니에게 가져다주었는지(룻 2:17), 은그릇은 무게가 얼마인지(민 7:25), 『**새끼 염소**』를 어떻게 요리하면 안 되는지(출 23:19), 한 여인이 어떻게 죽었는지(판 19장), 또한 한 왕은 어떻게 죽었는지(삼상 15:33)와 같은 일들에 관한 구절들이 수백 개에 이른다. 게다가 히람이 목재를 어떻게 옮겼는지(왕상 5:9), 어떤 사람의 누이는 누구인지(창 36:22), 어떤 이의 현관은 얼마나 큰지(왕상 7:6,7)에 관한 내용들도 서술되어 있다.

자, 이 책에는 전혀 종교적이지 않은 수천 개의 구절이 들어 있다. 민수기 34장에는, 무신론자를 포함하여 어떤 종교를 막론하고 지상의 어느 누구도 믿는다고 고백할 수 없는, 정말이지 믿음과는 전혀 상관없는 구절이 29개나 나온다.

한적한 밤에 역대기상 23:1-4을 읽고, 도대체 이 구절들이 죄인이나 성도가 알아야 할 종교적 진리(죄와 의, 하나님과 마귀, 하늘과 지옥, 현세와 내세) 또는 이 땅에서 개인이 갖추어야 할 행동이나 생각, 말들과 무슨 연관이 있는지 설명 좀 해 보라. 이 구절들에서 더 나은 영적인 조명을 찾아보려고 한다면 아무것도 얻지 못할 것이다.

이 책의 문제는, 계보들과 실제의 왕국들(단 2,7장), 실질적인 민족들(창세기-신명기), 역사적인 실제 사건들(렘 40-52), 실제 사람들에 대한 정보들(마태복음, 마가복음, 누가복음, 요한복음) 사이사이에 『주』와 『하나님』이라는 단어가 계속해서 튀어나온다는 사실이다. 말하자면 『주』와 『하나님』이라는 단어가 실제 역사적인 서술들 가운데 계속 등장한다는 말이다. 앞서 언급했듯이, 이는 기록된 역사에 대해 객관적이고 사실적인 입장을 취하려는 역사가들의 모든 "학문적 공동체"에서는 "금기 사항"이다. 하지만 역사상 실제로 일어난 단 하나의 사건에 대한 목격자는 500명이 넘는다(고전 15장). 그럼에도 이 사실을 거절한 죄인이 기록한 역사책 안에는 『하나님』께서 계실 곳이 없다.

주위를 환기시키기 위해, 모세가 기록하고 있는 이 특이한 역사책을 다시 검토해 보도록 하자. 그리스도를 거절하고 하나님을 싫어하는 전 세계의 모든 종교적인 성경공포증 환자들에 의해 이 책은 "종교" 서적으로 분류되었으므로, 이 책을 좀 더 가까이에서 검토해 보자. 우리의 서기 모세는 지금 글을 쓰는 데 여념이 없다. 왜냐하면 모세가 작업하고 있는 이 책은 수백만 명의 죄인들에 의해서 삭제되고, 개정되고, 조롱당하며, 금지되고, 태워져야 되기 때문이다. 사람들은 이 책이 어떤 학교 수업에서도 "역사"로서 학습되는 것을 허용하지 않을 것이다. 그 이유는 이 책이 진정한 "역사"책이기 때문이다. 미국의 경우 19세가 되기 전까지는 이 책을 교실에 가지고 들어갈 수조차 없다. 1946년에서 1994년 사이에 전 세계 아홉 개 국가에서는 이 책을 가지고 다닐 수도, 팔 수도, 읽을 수도 없었다. 현재 중국에서는 이 책을 지구상에서 가장 위험한 책으로 여긴다. 어떤 "현대인"도 이 책이 기록하거나 예언한 역사를 용인하지 못하는 것이다.

제 3 장

아무도 인정해 주지 않는 일

모세는 세 쪽을 채 끝내지 못한 상태에서 "출생 문제"에 부딪혔다. 그는 하나님께서 남자로부터 여자를 만드신 일을 기록하면서 창세기 1장과 2장을 마무리했다. 그냥 복제하는 것이었다면 말이 좀 되었겠지만, 이 다섯 번째 갈비"뼈"가 어쩐지 마음에 걸렸다. 그러나 알렉산드리아의 대학교에 다니면서 그가 배웠던 『**이집트인들의 모든 지혜**』(행 7:22)로 그것에 대해 숙고하고 비교해 보았을 때, 다윈이 용암에서 인간을 만들어 낸 것보다는 그나마 훨씬 낫겠다는 생각이 들었다. 어쨌든 그 뼈 안에는 그 일을 할 수 있는 모든 종류의 아미노산과 폴리펩타이드사슬, "활성 단백질"이 들어 있는 반면, 6,000도에서 식어 가고 있는 빨갛게 달구어진 행성은 인류의 창시자처럼 보일 가능성이 아주 희박해 보였던 것이다.

결국 칸트의 성운설은 길가메쉬 서사시나 금강경만큼이나 허점이

많았다.

"아담이 '그녀를 침팬지라 부르리라. 이는 그녀가 여우원숭이나 안경원숭이에게서 취해졌음이라.'라고 말하지 않았다는 점에 신경을 써야 한다."고 주께서 말씀하셨다.

"네, 확실히 신경 쓰고 있습니다." 그분의 서기가 말했다.

"나는 그녀를 '엄마 없이 태어난 사람'으로 만들기로 결심했다. 이것이야말로 어떤 것에서도 진화되지 않고 그녀가 존재할 수 있는 방법이지. 교황 요한 바오로 2세, 그 녀석이 뭘 믿든지 말이다."

"그럼, 아담과 이브는 오빠와 여동생이네요. 맞습니까? 서로 남매지간인 겁니까?"

"그렇다. 그것이 남자가 자기 아내를 '자매'라고 부르는 이유인 게지"(솔 4:12; 5:1).

"그렇게 되면 '근친상간'이나 뭐 그런 거가 되는 것 아닙니까?"

"지금은 시작이니까 '근친상간'이라고 할 수는 없다. 당장은 네가 말한 '뭐 그런 거'에 해당한다고 할 수 있겠지. 근친상간 문제는 나중에 가서 다룰 것이다"(레 20:17).

모세의 진기한 문학 작품은 그런 식으로 진행되어 나갔다. 이후로 모세는 아무 탈 없이 기록해 나가다가 창세기 3장 15절에 이르렀을 때 잠시 멈춰야만 했다. 그는 펜촉을 닦으며 단호하게 말했다. "주님, 아시다시피 여자에게는 '씨'가 없습니다. 씨는 남자에게 주신 것입니다. 따라서 여기 이 여인은 '씨'에 관한 한 아무것도 가진 게 없습니다."

"물론, 나도 알고 있다. 아는 척 좀 안 할 수 없느냐? 내가 그 둘을 만들었는데, 모를 리가 있겠느냐."

"네, 그러면 여기에서 '여자의 씨'라는 건 뭡니까?"

그때 최고 주권자(딤전 6:15)께서 웃으셨다(시 2:4). "아, 그건 단지 나의 『**어리석음**』(고전 1:25) 가운데 하나일 뿐이란다. 나는 가끔 어리석게 행동하는 것을 좋아하지. 내가 준비하고 있는 것은 『**지혜 있는 자들의 지혜**』(고전 1:19,20)를 무산시켜서(사 29:14) 그들을 조롱하는 것이다. 나는 한 여자가 어떤 남자와 관계하지 않고도 한 아기(렘 31:22)를 낳게 할 것이야."

"아! '인공 수정'을 말씀하시는 거군요."

"모세야, 그게 아니다. 나는 지금 '하나님에 의한 잉태'(Divine conception)를 말하는 것이다. 아직도 너는 알렉산드리아 대학교의 그 저급한 신학대학에서 배운 조잡한 지식에 취해 있는 것 같구나. 그곳의 교수진(플라토, 오리겐, 판태누스, 클레멘트, 필로)은 얼마나 멍청한지 이온음료가 악어들에게 좋은 복지 정책이라고 생각한단다."

"자, 내가 너에게 말하는 것을 받아 적어라. 『**그녀의 씨는 너의 머리를 부술 것이요**』"

"주님, 왜 '그는 너의 머리를 부술 것이요'로 하지 않으시는 겁니까?"

주께서 한숨을 쉬시며 말씀하셨다. "모세야, 네가 입을 가만히 다

묻고 계속 받아 적기만 한다면 우리가 뭔가 해낼 수 있을 것인데. 자, 그 절 뒷부분에 『**너는 그의 발꿈치를 부술 것이라.**』고 되어 있잖니? 그러니까 앞에 쓰인 『**그녀의 씨**』가 곧 '그'인 거다. 알겠느냐?"

"네, 주님. 그런데 왜 『**그녀의 씨**』가 '그'보다 앞에 나오는 겁니까?"

"왜냐하면 이 여자의 『**씨**』가 '그'이기 전에는 『**거룩한 이**』(눅 1:35)이기 때문이지. 하지만 이 내용은 지금 말고 나중에 다른 책에서 쓸 생각이다. 이 문제에 관해서는 한 의사(골 4:14)가 기록할 것이야."

"저, 그렇다면 몇 명이나 부르셔서, 몇 권이나 쓰실 생각이십니까?"

"음, 정확하게 말하자면, 66권짜리 전집을 쓸 생각이야. 다 쓰고 나면 한 권으로 묶을 것이야. 모세 너는 그 중 첫 다섯 권을 쓰는 영광을 얻은 거란다. 그 뒤로 몇 명의 왕들, 제사장들, 선지자들, 재판관들이 쓸 것이고, 군인과 어부도 쓸 예정이다."

"어부도요?(막 1:16,17) 저는 제 인생에서 '이질적인'(heterogeneous)이나 '계층적인'(hierarchical)과 같은 어려운 단어의 철자를 쓸 줄 아는 어부를 만난 적이 없습니다!"

"맞는 말이다. 하지만 그들이 '최초의 원본'을 정확히 기록하지 못하더라도 내가 나중에 고쳐 주면 돼지. 시간은 많이 있단다"(시 12:6,7).

모세가 그렇게 기록할 때 주님께서는 신명기의 마지막 부분에 넣을 추신까지 이미 준비해 두셨다. 왜냐하면 주님께서는 2천 년 후에 어느 누구도 이 책의 원저자에 대해 반박하지 못하도록 계획을 세워 놓으셨기 때문이다(요 5:45, 마 22:32).

자, 이 "선발된" 서기는 창세기의 제8장까지 별 탈 없이 제법 잘해 나가고 있었다. 그러나 창세기 9:23-27에 이르러 갑자기 시동이 꺼졌다.

"이 야펫은 뭡니까? 저는 80년 넘게(출 1-15장) 모든 함족을 다루어 왔습니다. 지금도 그들 중 몇몇은 우리와 함께 있습니다. 그런데 이 『**야펫**』은 누굽니까? 어머니는 저에게 셈족에 관한 모든 것을 말씀해 주셨습니다(출 1:8,9). 또한 아브라함과 이삭과 야곱과 그 혈통에 관한 모든 것도 들었지만, 야펫족에 대해서는 전혀 들은 바가 없습니다."

"아마도 네가 야펫족과는 개인적으로 친분이 없겠지만, 사실 알렉산드리아에서 사용했던 교과서 대부분이 야펫족에 의해 만들어졌다. 대학원 과정에서 네가 본 참고 문헌들을 점검해 보고, 거기서 무엇을 알 수 있었나 생각해 봐라. 그 돌머리들이 모두 야펫족 출신이지. 다윈, 플라토, 헤겔, 아리스토텔레스, 데카르트, 키케로, 아스트뤽, 벨하우젠, 칸트, 네슬, 듀이, 루소, 러셀, 젠틸레, 틸리히, 바르트, 브루너, 로버트슨, 그리스바흐, 라흐만, 티셴도르프, 플랑크, 뉴턴, 워즈워스, 디킨스, 에머슨, 셰익스피어, 괴테 등등 말이다."

"주님, '돌머리들'이라고 하셨습니까? 그들 모두가 예외 없이 다 돌머리들입니까?"

"글쎄, 그들이 실제로 진짜 돌머리들은 아니겠지. 나는 과장법을 이용해서 그들을 욕한 거란다. 내 말뜻은, 그들이 나를 아는 것이나 이해하는 것 또는 지금 모세 네가 쓰고 있는 내용들(창 1-12장)을 이해하는 것에 관한 한 돌머리들이라는 거다. 그러나 모세 너의 일생동안에는 그들이 네 인생에 끼어들지는 않을 거다. 다른 일은 나중에나(단 2,7장, 슥 12-14장, 계 13-18장) 있을 일이란다."

"나중이란 야벳의 후손들이 '넓은 땅을 차지'하게 될 그때를 말씀하시는 겁니까?"

"나는 야벳족이 전 세계를 정복하게 할 생각이다. 그들은 에베레스트 산을 오르고, 마리아나 해구의 사진을 찍고, 북극과 남극을 발견할 것이다. 내가 그들을 끝장내기 전에 달에도 가 보게 할 생각이지."

"와! 그렇다면 야벳족은 정말로 우수한 민족이네요. 백인 우월주의와 나치즘이 나올 만합니다!"

"아니다. 우수나 우월 그런 것이 아니야. 나는 단지 야벳에게 물질적인 것들에 대한 호의를 베풀었을 뿐이다. 너도 알다시피, 통신, 운송, 발명, 몸을 편하거나 즐겁게 해주는 장비들 같은 것 말이다. 야벳은 너희의 '형'이 될 거야. 하지만 영적인 축복들은 셈에게 줄 것이다. 셈은 너와 같은 부류이지. 모세 너는 셈족이니까. 따라서 아무쪼록 너는 '반셈족주의'(Anti-Shemitic)가 되어서는 안 된다!"

"글쎄요. 그렇다면 그 모든 축복들은 다 어디 있는 겁니까? 우리는 아프리카에서 400년간이나 노예로 일했고 가까스로 거기에서 나왔는데, 아직 '젖과 꿀이 흐르는 땅'이라는 곳에는 들어가지도 못했습니다. 먹을 것과 마실 것을 찾느라 힘들기만 하고요(출 15,16장)."

"어리석은 사람 같으니, 그런 건 다 육신적인 것 아니냐. 자, 여기를 봐라! 지금 네가 하고 있는 일에 대해 너는 어떻게 생각하느냐? 모세야, 너는 지금 『**하나님의 말씀들**』(롬 3:2)을 주고 있는 것이다. 『**하나님의 말씀들**』이 너희에게 『**필요한 음식**』(욥 23:12)보다 더 중요한 것 아니냐? 잘 들어라. 이런 엉망인 상황을 끝내기 전에, 나는 너의 백성에게 언약들과 약속들과 영광과 『**하나님을 섬김**』(롬 9:4)을 허락할 것이다. 이것들로도 충분하지 않다면, 이 세상을 죄로부터 구원할 구세주를 '너의 민족'을 통해 나오게 할 생각이다. 그러니 이제 입 좀 다물고 받아 적기나 해라!!"

요약하자면, 이후로 모세는 창세기 22장까지 제법 잘 해 나갔다. 창세기 22장에서는 많은 질문을 했다. 28-36장에서는 즐겁게 작업했다. 왜냐하면 이 부분에서 모세의 가족력과 혈통이 자세히 나오고 산 밑에서 그를 기다린 수백만 명의 조상들이 나오기 때문이다(출 32장).

모세의 첫 번째 책을 거의 마무리하면서 창세기 49장에 이르렀을 때, 모세는 다시 혼란스러워지기 시작했다.

"저, 주님, 제가 주님께 따지려고 하거나 고집을 부리려는 것은 아닙니다만..."

"모세야, 안 돼! 다시는 따지지 말거라. 또다시 고집 부려서는 안 된다"(출 3:11,13; 4:1, 민 20:9-13).

"저, 주님, 문제는요 제가 이 아이 요셉에게 진저리가 난다는 겁니다. 이집트로 가게 된 17살짜리 아이에게 초점을 둔 이야기만 열 장 넘게 써 왔습니다. 어째서 이 요셉이 그의 형제들보다 중요하고 아담과 이브의 창조나 하늘들과 땅의 창조보다 더 중요한 겁니까?"

"음, 내 생각에는 요셉의 삶이 대단히 흥미롭기 때문에 너도 요셉의 전기를 쓰면서 재미있어 할 거라고 생각했는데."

"도대체 악몽을 꾼 왕(창 41:7), 사슴 고기 대신 양 고기를 요리한 아이(창 27장), 넓적다리 고기를 먹을까 봐 걱정하는 사람들(창 32장), 채색옷을 입고 뛰어다니는 제멋대로 큰 버르장머리 없는 아이(창 37장)가 뭐가 그리 '흥미롭다'는 겁니까?"

"모세야, 이 일들은 모두 역사 속에서 실제로 일어난 일이란다. 나는 앞으로 3,000년 동안 어떤 사람도 쓸 수 없는 역사적인 자료를 너에게 주고 있는 것이다."

"하지만 주님, 주님께서 저에게 쓰게 하신 책은 창세기 8:4,9,11; 10:8,9; 11:10-19; 12:11-20; 16:1-6; 21:22-28과 같이 하찮은 일들로 가득 차 있는데, 세상에 누가 이 엉망진창인 역사책을 읽으려고 시간을 낭비하겠습니까? 이 따분하고 자질구레한 『**하나님의 말씀들**』 뭉치가 뭘 얼마나 이루어낼 수 있는지 저에게 말씀해 주시면 안 되겠습니까?"

"자, 이 늙은 친구야, 『**주가 말하노라. 내 생각은 너희 생각과 다르며 내 길은 너희 길과 다르니**』(사 55:8), 다시 받아 적기를 시작하라."

"좋아요, 좋습니다! 하지만 저는 『**후스**』와 『**부스**』(창 22:21), 거짓말하는 여자(창 38장), 매장지를 사는 일(창 23장), 베두인 양치기 소녀를 신부로 얻은 남자(창 24장)가 누군가의 종교와 무슨 상관이 있는지 모르겠습니다."

"모세야, 내가 벌써 네 번째 얘기하는 건데, 이 책은 '종교' 서적이 아니고, '역사'책이란다!"

"좋습니다, 뜻대로 하십시오(잠 21:1). 그러면 가축을 위해 우리를 만들거나(창 33:17), 르우벤이 자기 아버지의 첩과 동침한 것이 중요한 '역사'라는 뜻입니까? 주님께서 그 내용을 '역사'라고 말씀하셨지 않습니까?"

"그 내용들은 '역사'보다 더 가치 있는 것이다. 그 내용들은 『**하나님의 말씀들**』이니까. 나는 지금 모세 네가 죽은 후 1,450년이 지나서야 태어날 어떤 사람의 삶에 관한 52가지 세부사항을 너에게 받아 적게 한 것일 뿐이다. 그가 무엇을 할지, 그가 어떤 대우를 받을지, 그에게 어떤 일이 일어날지, 그가 무슨 일을 겪어야만 하는지, 그가 겪을 고통에 수반되는 주변 정황들, 그의 승격, 또 그렇게 하는 이유를 네게 알려 준 것이다."

모세는 조용히 듣고 있었다.

"너는 지금 스핑크스와 델포이 신탁을 할인판매대 위에나 올려놓게 만들 그런 말씀을 적고 있는 것이야. 또한 나의 말, 즉 하나님의 말씀을 직접 보고 있는 것이다. 네가 적고 있는 그것들이 바로 나, 곧 하나님의 말씀이다. 자, 이제 받아 적어라!"

"네, 주님." 서기가 다시 펜을 들었다.

"아홀리바마의 자녀들의 이름들(창 36:14)을 독자들에게 알려 주는 걸 잊지 않도록 꼭 확인해라. 그리고 오난이 땅에다 사정한 기록도 잊지 말고"(창 38:9,10).

"네, 주님. 놓치지 않도록 철저히 하겠습니다. 대단한 '말씀'이니까요."

모세는 열심히 받아 적은 뒤, 드디어 창세기 49:10,11에 도달했다. 거기서 잠시 펜을 내려놓고 바깥을 응시했다. 그는 자신이 방금 적은 내용을 이해할 수 없었다. 잠시 후 펜을 다시 집어 들고 계속 써 나갔다. 창세기 49:24에 이르러서는 얼마 동안 펜을 다시 들지 못했다. 방금 적은 내용을 뚫어지게 응시하다가(벧전 1:10-12) 자신의 "독재자"(dictator)께 얼굴을 돌렸다. 말하자면 "dictator"(독재자)는 "받아쓰게 하는"(dictate) 사람이다.

그때 지극히 높으신 하나님께서 미소 짓고 계셨다. 다른 사람은 절대 알 수 없는 어떤 것을 알고 계신 듯, 그런 독특한 표정이 그분의 얼굴에 나타났다.

"그래, 약간의 문제가 있는 것 같구나. 그렇지?"

모세는 자신의 바위, 즉 의자를 뒤로 밀고, 무슨 전문가처럼 손을 비비고는 불필요하게 턱수염을 두 번 어루만진 후, 주님의 눈동자를 똑바로 응시하면서 이렇게 질문했다(출 34:30).

"제가 지금 쓰고 있는 내용이 도대체 뭘 의미하는지 설명해 주실 수 있습니까?"

주님께서 다시 웃으셨다(잠 1:26). "이해가 안 되지, 그렇지?"

"네, 도저히 이해가 안 됩니다. 무슨 설명해 주는 기계가 있는 것도 아니고요."

전능하신 분께서 말씀하셨다. "나는 원한다면 계속 비밀로 할 수도 있고(신 29:29, 행 1:7), 드러내기를 원한다면 드러낼 수도 있지(고전 2:9,10). 모세, 너에게 모든 세부사항들을 다 알려 주지는 않을 생각이지만, 약간의 특혜를 베풀도록 하겠다."

모세는 눈을 깜박이며 아무 말도 하지 않았다.

"모세, 네가 보고 있는 것은 너의 책 3장에서 내가 얘기했던 바로 그 '여자의 씨'이다."

"이브의 첫태생이 그 『**씨**』가 아니라는 말씀이신가요?"

"물론, 아니지. 『**그는 처음부터 살인자**』(요 8:44, 요일 3:12)였어. 마귀의 씨였지(고후 11:1-3). 너는 아직 잘 모를 거다. 하지만 네가 죽어서 나와 함께 있게 되는 때(신 34:6, 마 17:1-5, 유 1:9)로부터 2,500년이 지난 이후의 의사들, 교황들, 사제들, 변호사들, 대학교수들, '우주 시대 과학자들' 또한 이 사실을 모를 거다."

"그러면 여자의 『씨』는 도대체 누구입니까?"

"나의 아들이지."

"뭐라고요?!"

"나의 아들 말이다. 나는 한 아들을 낳을 것이다(히 1:1-8, 롬 1:3,4)."

"하지만, 마호메트의 말에 따르면..."

"그 늙고 마귀 든 간질병 환자에 대해서는 신경 쓰지 마라. 나는 미래의 어느 날 한 아들을 나을 거다."

모세는 도저히 믿을 수 없다는 듯 머리를 절레절레 흔들었다. 그의 눈은 빠질 것 같았고 그의 입은 딱 벌어져서 다물어지지가 않았다.

"하지만, 부처가 가르친 바에 의하면..."

"아내를 버린 그 무기력하고 구부정한 늙은이는 신경 쓰지 마라. 그 게으른 부랑자는 자기 인생에 하루도 일한 적이 없어(살후 3:10). 내게는 빈둥거리는 게으름뱅이가 20년 동안 살면서 손에 생긴 굳은 살보다 일 년만 일하고도 더 많은 굳은살이 생긴 십대의 농부들이 있다. 나는 한 아들을 낳을 것이야. 그는 왕의 아들이므로(단 4:37), 그를 왕이 되게 할 것이다. 스스로 보좌에 앉을 것이고(히 1:8), 한 왕국을 가질 것이지(눅 19:12). 그러고 보니, 내 왕국(단 7:27)을 상속받게 되겠구나. 그리고 그 왕국은 곧 하나님의 나라이다. 나의 아들은 『인자』라 불릴 것이며, 이 땅 위에서는 보좌에 앉아야만 해. 그러므로 나는 그를 너의 백성, 즉 『**유대인의 왕**』(마 27:37)이 되게 할 것이다. 지금 너는 그에 관한 역사를 창세기 49장에 적고 있는 것이란다. 거기 10,11절과 24절에 말이다. 알겠느냐?"

"하지만, 주님. 그건 미래의 역사이지 않습니까. 제가 적은 창세기 37-49장은 과거의 역사이고요!"

"너는 그렇게 생각하겠지만, 나는 네가 모르게 미래의 역사를 그 속에 슬쩍 밀어 넣어둔 것이다. 그 얘기를 다 하자면, 양피지 50쪽 분량이나 되지. 내 아들이 태어날 지파의 이름, 형제의 수, 그가 그의 가족과 함께 할 일, 그가 그들을 위해서 무엇을 할지, 어떻게 그가 감옥에 갇힐지, 그가 죽을 때 그 양 옆에 누가 함께 있을지, 어떻게 그리고 어디서 그가 희생양이 될지, 그의 신비로운 탄생, 그와 관련된 약속들, 그의 신성, 마지막 만찬 때 그가 무엇을 먹고 마실지, 어느 민족에게 팔릴지, 어떻게 그가 예루살렘에 들어갈지, 어떤 아내와 결혼을 할지, 그가 처음 왔을 때와 두 번째 왔을 때 무엇을 할지, 그의 탄생과 함께 일어날 일들이 무엇인지를 네가 모르게 거기에 슬쩍 끼워 넣어둔 것이란다."

침묵했던 모세는 충격을 받았다. 그것은 마치 UN이나 EU의 회원국들 및 성경공포증 환자들이 그러한 자료들을 접했을 때 나타내는 반응들과 똑같은 것이었다. 이 책은 일종의 전기충격기와 같다. 이것은 B.C. 1500년 때보다 A.D. 2000년대인 지금 더 충격적으로 와 닿는다.

모세가 불쑥 질문을 던졌다. "그의 이름이 뭐죠?"

"아, 모세, 네가 쓴 글(창 32:29)로 돌아가서 다시 읽어 봐라. 많은 사람이 바로 그 질문을 하겠지(잠 30:4, 판 13:17,18). 그 단어는 '뭄'(MUM)이야."

"주님, 지금 '눈'(NUN)이라고 하셨나요?"

"아니. 여호수아가 『**눈의 아들**』이지. 여호수아도 좋은 이름이기는 해. 하지만 나는 그 단어를 '뭄'이라고 했다."

"그럼, 주님의 아들께서는 '뭄'이라 불리나요?"

"그렇지 않다. 모세야, '뭄'이라는 단어는 단지 '계속 입을 다물고 있겠다'는 뜻이다. 그의 이름이 무엇인지 지금은 아무에게도 알려 주지 않을 것이다. 그건 잊도록 해라. 나는 내 아들의 이름을 통속적으로 사용되는 코이네 헬라어로 이 책에 적을 것이야. 그래야 사람들이 그걸 이해할 수 있지. '뭄'이라는 단어는 '대답은 없다'라는 뜻이다. '노코멘트'라고도 하지."

모세는 마음이 언짢았다. 그래서 몸을 일으켜 스트레칭을 했다. 운동이 필요해서라기보다는 침묵으로 반항심을 표현해 본 것이다. 그리고 다시 앉아서 자기가 쓴 글을 '대충 휙휙 넘겨보기' 시작했다. 그리고 가끔씩 눈에 띄는 어떤 구절을 바라보기도 했다.

『**목자**』(요 10장), 『**돌**』(단 2장), 『**그들이 나를 까닭없이 미워하였다**』(요 15:25), 『**홀**』(마 25:31), 『**실로**』(히 7:2), 『**나귀 새끼**』(슥 9:9), 『**포도의 피**』(사 63:1-7). 불행히도, 모세에게는 모세 자신의 글

을 설명할 만한 참고 문헌(요한복음, 스카랴, 마태복음, 히브리서, 이사야, 다니엘)이 없었다. 그것들은 모세가 그의 펜을 영원히 내려놓은 지 1,000-1,400년이 흐른 후에야 기록될 것이다.

모세는 거꾸로 몇 장을 넘겨보았다. 이방인 신부를 아내로 맞은 두 남자(창세기 24장의 이삭과 41장의 요셉)의 이야기가 적혀 있었다. 그는 요셉을 요즘 표현으로 하자면 "이집트의 제2인자"라고 기록했다. 『**금사슬**』(창 41:42)이라고? 이건 또 무슨 뜻일까? 모세 이후로 2,500년간 어떤 헬라어 학자나 히브리어 학자도 이 단어가 의미하는 바를 감히 추측조차 하지 못했다. 하나님 아버지께서는 "하나님의 아들"과 "성령"의 "유형"으로서 두 남자를 기록하셨으며, 두 경우 모두에서 "금"으로 "신성"을 나타내셨다. 두 번째 금사슬은 통치권을 가진 한 통치자를 위한 것이었으며, 세 번째 금사슬도 그러했다(단 5장).

이사야 41:22,23을 다시 읽어 보라.

모세는 계속해서 읽어 나갔다. "자기 손이나 발을 들어올릴 자가 없으리라"(요 15:5). "무릎을 꿇고 절하라"(빌 2:9-11). 요셉은 복종을 요구하는 완전한 권력을 가진 절대적 독재자가 되어야만 했다. 도대체 모세는 누구에 관해 쓴 것일까?(벧전 1:10,11) 모세는 몇 장 더 이전으로 넘겼다. 거기에는 아버지에 의해서 '희생제물'로 드려진 '한 아들'이 있었다(창 22장). 이 아들은 기적적인 출생으로 얻은 약속된 아들이었으며, 또한 땅을 약속으로 받았다. 그 어떤 아라비아인에게도 그 땅에 대한 권리가 주어진 적이 없으며(창 15:18-21, 갈 4:22-31), 그 어떤 팔레스타인인에게도 그 땅에 대한 권리가 주어진 적이 없다(출 3:17; 34:10-12). 이삭은 '이방인 신부'를 얻었으며, 요셉도 그러했다(창 24장). 그리고 이러한 일은 '그의 어머니가 죽은 이후에' 일어난 일이었다. 게다가 이삭은 팔레스타인(카나안 땅)의 경계를 단 한 발자국도 벗어난 적이 없었다. 그는 평생을 갈릴리와 브엘세바 사이, 즉 요단 강과 지중해 사이에서 살았다. (마태복음, 마가복음, 누가복음, 요한복음에 나오는 그리스도의 생애를 살펴보라.)

이때 전능하신 분께서 모세에게 약간의 필요한 도움을 주시고자 다음과 같이 말씀하셨다. "나의 아들은 내 품에 있을 때는 어머니가 없을 것이고, 그 어머니 품에 있을 때에는 아버지가 없을 것이다. 그리고 출생했을 때는 이미 자기 어머니보다 나이가 많을 것이다."

("와, 고맙습니다! 큰 도움이 되었습니다! 어떻게 그렇게 명쾌하실 수 있습니까?" 이렇게 모세는 말은 하지 않고 속으로만 생각했다.)

모세는 이마의 땀을 닦고, 마치 듣는 사람이 없는 양 이렇게 말했다. "아, 정말이지 이 책은 많은 사람들을 조롱하는 책이 될 거야."

"모세야, 다시 말해 보거라!"

"네, 다시 말하겠습니다. 이 책은 많은 사람들을 조롱하는..."

"이 책은 베스트셀러가 될 것이다. 내가 분명히 보장한다. 이 책이 마호메트, 헤밍웨이, 마르크스, 마오쩌둥, 플라토, 아리스토텔레스, 재클린 수잔, 맥허터 형제(기네스북)의 책을 모두 합한 것보다 더 많이 팔리지 않으면, 내가 직접 이 책을 태워 버리겠다.”

“역사책, 역사책, 역사, 역사…” 모세는 계속 되뇌었다.

모세는 인류를 속이게 될 가장 비열한 수법 가운데 하나, 그러나 나중에는 구원의 유일한 방법으로 판명이 될(롬 10:17) 그 방법 속에서, 자기도 모르는 사이에 이미 “공범”이 되어 가고 있다는 사실을 깨닫기 시작했다. 모세는 “미래 역사”를 기록한 역사책을 쓰기 위해 “선발”되었다. 모세가 쓴 책의 많은 내용이 그가 죽고 나서 2,000년 후에나 일어날 일들이었다. 써야 할 책이 아직 네 권이나 남아 있으니, 하나님께서 얼마나 먼 훗날의 일까지 기록하게 하실지, 모세는 실로 궁금했다.

모세가 그것을 알아차리는 데는 별로 오래 걸리지 않았다. 그가 신명기 33장을 마치기 전에, 주님께서는 예수 그리스도의 탄생, 생애, 말씀, 영접, 배신, 죽음, 부활(민 21:8; 24:17, 신 18,21장), 이스라엘이 전 세계로 흩어짐(신 28-32장), 유대인들의 요구(요 19:15, 마 27:25)에 따른 20세기 로마카톨릭의 유대인 대학살을 그 내용들 안에 기록해 넣었다는 사실을 모세에게 알려 주셨다. (모든 나치 지도자들은 세례받은 로마카톨릭교도였다. 페탱, 프랑코, 히틀러, 괴벨스, 무솔리니, 괴링, 루돌프 헤스, 프란츠 슈탕글, 드골, 자이스인크바르트, 살라자르, 히믈러, 하이드리히, 코흐, 디트리히, 파첼리 추기경, 크라머 등)

거기에 더해서, 모세는 유대인이 팔레스타인 땅에 다시 모인 후에 있을 "이스라엘의 회복"(신 28-33장)을 기록했다. 미국 의회 도서관의 2,300만 권 중에는 '이스라엘의 회복'을 기록한 책이 한 권도 없다. 모세가 이 내용을 기록한 후, 이 하나님의 책에서 자료를 얻어 만들어진 책들을 제외하고 말이다. 심지어 마호메트는 신명기 30:1-9, 32장, 36-43장의 모든 내용을 부정하기까지 했다.

이 진기하고 특이한 책은, 음양론, 영적 차원, 양심의 수준, 무한자와의 일체감, 경배의 형식, 종교, 신념, 삶의 방식, 구원받는 방식, 믿음의 대상 따위를 토론하면서 심오해 보이려고 노력하며 앉아 있는 자기 의로 가득 찬 얼간이 이야기로 시작되지 않는다. "믿음"이나 "신앙"이라는 단어는 하나님의 책 첫 열두 장 안에는 나오지도 않는다.

하나님의 책은 분명 종교 서적이 아니다. 자기 인생에서 종교 서적을 열 권 이상 읽어 본 사람에게는 최소한 그렇다. 하나님의 책의 기이한 시작 부분(창 1:1-14)과 코란 제1장과 비교해 보라.

"저희들을 올바른 길로 인도하여 주시옵소서. 그 길은 당신께서 축복을 내리신 길이며, 유대인들처럼 노여움을 받은 자들이나 기독교인들처럼 방황하는 자들이 걷지 않는 가장 올바른 길이옵니다"(수라 1:6,7). 이것이 코란의 첫 일곱 구절을 통과해 가기 전에 우리가 만나게 되는 구절이다. 코란 제2장을 읽어 보면, 늙고 간음하는 일부다처주의자가 종교와 구원에 대해 상상하면서 넋이 빠져 아무렇게나 지껄이는 것을 발견하게 된다. 코란의 첫 두 장에는 역사가 없다.

"알라를 두려워하는 경건하고 의로운 사람들은 알라가 금지한 (일부다처주의를 제외한) 모든 종류의 죄들과 (근친상간과 같은) 악한 행위들을 매우 삼가며... (그리스도인과 유대인을 죽이는 것처럼) 알라가 정한 선한 행위들을 행하느니라. 그들은 자기들의 주인으로부터 진실한 안내를 받으며, 매우 성공할 것이니라." (본문의 괄호 속의 내용은 저자가 삽입한 것이다.)

코란만큼이나 썩은 이야기가 몰몬경, 탈무드, 공자의 논어, 함무라비 법전에서도 계속된다. 이어 놓으면 한 10km는 될 것이다.

하나님의 책은 열 단어로 된 짧은 선언문으로 시작된다. 이 열 단어는 "역사"의 시작을 다룬다. 하나님께서는 모세를 통해 역사를 기록하기 시작하셨을 때, 사람들이 하나님을 어떤 존재라고 생각하는지 또는 생각하게 될는지, 누가 하나님께 경배를 하는지 안 하는지, 또 누가 어떤 것에 대해 주님께 상의하는지 안 하는지에 대해서는 관심이 없으셨다. 이는 기록을 시작할 당시에 동정녀 탄생이나 하나님의 신격, 십자가의 고난, 교회, 부활 혹은 어떤 "구원 계획"에 대해 하나님께서 관심을 두지 않으셨던 것과 마찬가지다. "그래서 하나님께서는 그분의 책 첫 스물여섯 구절에서 인류를 등장시키지 않으신 것이다." 하나님께서는 자신의 책을 기록하기 시작하셨을 때 "중요한 것들 중에서도 더 중요한 것들"(즉 믿음의 근본사항들)을 기록해 넣으시는 것에는 관심을 갖지 않으셨는데, 이는 기록하기 시작하셨을 당시에 사람들이 선을 행하는가 아니면 악을 행하는가에 관심이 없으셨던 것과 마찬가지다(사 41:23).

하나님께서는 처음부터 "역사책"을 쓰실 생각이셨다. 만약 "믿음," "은혜," "신앙" 등이 이 책에 드러나 있을지라도, 그것은 단지 그러한 것들이 드러났다는 것을 언급하신 것이거나 드러날 것을 예언하신 것일 뿐이다. 말하자면 "믿음," "은혜," "신앙" 등과 같은 것들은 "창세기의 첫 다섯 장"에는 언급될 가치가 없었던 것이다.

만약 카인과 아벨이 결국 『**죄**』(창 4:7)를 지어 죄들을 위한 제물들(창 4:3,4)을 드렸을지라도, 단순히 그들이 그렇게 행한 행위들을 기록하셨을 것이다. "역사"는 사람들이 행한 행위들의 기록이다.

우리가 알다시피, 전능하신 분께서는 『**세상의 기초**』(엡 1:4, 계 13:8, 딛 1:2, 행 15:18)를 놓으시기 이전에도 모든 것을 알고 계셨기 때문에, 그분 자신의 책을 기록하기 시작하셨을 때는 의도적으로 "인류를 무시"하셨고 인류에 관해 "단 한 줄의 글"도 기록하지 않으셨다. 하나님께서는 그분 자신의 책을 "사람"이 아니라 『**태초**』로 시작하셨다.

『**태초에 하나님께서 하늘과 땅을 창조하셨느니라.**』

바로 이 구절이 다윈과 헉슬리와 헤켈을 괴롭혀 죽음에 이르게 했다.

바로 이 구절이 칼 마르크스와 아인슈타인을 삼켜 버린 구절이다.

사람들은 자기 자신을 사랑하며, 자기가 중요한 존재라고 생각한다.

바로 이러한 생각 때문에 모든 UN 가입국들은 하나님의 책과 그 책을 믿고 설교하며 가르치는 사람들을 가능한 한 빨리 제거할 수 있는 온전한 권리를 갖게 되었다. 왜냐하면 이 하나님의 책이 카톨릭교도, 개신교도, 유대인, 힌두교도, 모슬렘, 불교도, 무신론자, 진화론자, 인본주의자가 놓친 바로 그 역사, 즉 UN과 뉴에이지의 역사를 알려 주는 유일한 역사책이기 때문이다.

만약 성경이 "역사책"이라면, 그 안에 기록된 모든 것이 제시간에 실제적으로 일어나야만 한다. "현재" 그 역사는 실제로 일어나고 있으며, "미래"에도 실제로 일어나게 될 것이다. 역사책 안에는 어떤 종교적 세부사항도, 어떤 철학적 사고도, 어떤 경건하고 헌신된 설교나 신성한 전통도 다루어질 필요가 없다. 이 역사책 안에는 누군가의 삶의 성패가 달려 있는 신앙의 선택도 없고, 누군가의 종교적 신념도 들어 있지 않다. 이 역사책의 내용은 진실이거나 거짓 둘 중 하나일 뿐이다. 이 책 안에 기록된 역사에 대해 누군가가 믿거나 믿지 않거나, 그것은 이미 정해진 역사와 그 내용에 어떤 영향도 줄 수 없다. 역사는 "역사"일 뿐이다.

자, "이 역사책"이 『**하나님**』과 『**주**』 같은 단어들을 계속해서 끌어들이고 있다는 사실은 오늘날 전 세계에 사는 모든 교육받은 지성인들의 마음을 "갈기갈기 찢어 놓고" 있다. 이것이 바로 이 역사책 안에 들어 있는 독이다. 인간의 역사에 대한 역사적인 서술 속에 『**하나님**』과 『**주**』를 끌어들이는 것은 모든 역사가들이 "결사반대"하는 일이다. 역사가들에게 있어서 『**하나님**』과 『**신들**』은 "종교적인 영역"에 제한되어야 하기 때문이다. 그들에게는 『**전능하신 분**』, 『**주 하나님**』, 『**영광의 주**』, 『**지극히 높으신 하나님**』과 같은 단어들이 실제로 일어나게 될 일들과 이미 일어난 일들에 대한 역사적인 기술과는 아무런 상관이 없다. 역사가들은 B.C. 4000년 이래로 『**하나님**』께서 실제의 역사에 참여하시도록 허용한 적이 없다. 그들에게는 하나님이 실제로 일어나는 일들에 대한 "관찰자"이어서도 안 되고 미래 역사에 대한 "예언자"이어서도 안 된다.

인류는 그들이 원하는 방식으로 역사를 이루어 내려고 한다. 창조주에 대한 반역 이후로, 인류는 긍정적인 사상가로서 "인간은 만물의 척도"라는 관념에 끊임없이 사로잡혀 왔다. 그러므로 인류는 그 어떤 하나님의 도우심이나 간섭 없이도 인류의 역사를 스스로 이루어 갈 수 있다고 생각한다. 그들에게는 어떤 "부정적인 생각"도(사 41:23,24), "부정적인 말"도(신 32:39-41), "부정적인 행위"도(애 4:11; 2:2,3) 허용되지 않으며, 『**성경**』(딤후 3:15)의 "거룩하신 하나님," 곧 인류 역사의 『**시작과 끝**』(계 22:13)이시기에 태초부터(사 41:4) 끝을 알고 계시는 하나님은 안중에도 없는 것이다.

이것이 우리가 도서관이나 서점의 "역사" 서가에서 이 책을 찾을 수 없는 이유이다. 이 책은 항상 "종교" 서가 구석에 처박힌 채로 발견된다. 현대인들은 이 책이 인류 역사에 대한 정확한 역사적 서술을 제공해 줄 수 있다고는 믿지 않는다. 예를 들어 보자. 어떻게 "현대인”이 고린도전서 15:1-8이 역사적인 기록이라고 믿을 수 있겠는가? 어떻게 여호수아 10:12,13이 역사일 수 있겠는가? 또한 도대체 마태복음 25:31,32과 요한계시록 20:11-14이 어떻게 “역사”로서 다루어질 수 있겠는가?!

결국 하나님의 책은 역사라는 무대 위에서 밀려나고 말았다. 상황이 이렇게 되다 보니, 코란, 게마라, 미쉬나, 몰몬경 등과 같은 온갖 잡동사니들이 무대 위로 올라오게 되었다.

어쨌든 모세는 창세기의 기록을 마치기 위해 다시 앉았다. 주님께서는 마침내 창세기 50:24-26을 마지막으로 창세기를 완성하셨다. 그리고 모세의 등을 쓰다듬으시며 이렇게 말씀하셨다. “자, 저기가 보이느냐? 저기에 선택받은 목자인 ‘아들’이 있다. 그 아들은 배신을 당하고, 팔리며, 감옥에 갇히고, 그 후에는 높임을 받을 것이다. 모세야, 그리고 저기를 보아라! 나중에 이집트 어디에서든 그의 뼈들 중 하나라도 찾아 낼 사람이 없을 것이다. 분명 사람들이 그를 거기에 묻었는데도 그렇게 하지 못한다는 사실이 정말 대단하지 않느냐?”

“글쎄요, 그런 일은 너무 이상하지 않겠습니까? 마호메트나 부처의 뼈들은 당연히 묻힌 곳에 그대로 있으니까요.”

“모세야, 이집트는 세상의 한 유형이란다. 너는 네가 기록한 그 목자인 왕이 죽은 후에 지구상 어디에도 자기의 뼈를 남기지 않을 거라는 사실을 알게 된 것이다.”

“사람들이 카나안 땅 어디선가 그 뼈를 발견하겠죠. 아닙니까?”

"자, 모세야, 내가 너에게 좀 더 많은 걸 알려 줘야겠구나! 카나안은 약속의 땅(느 9:23, 신 19:8,20)이다. 그 땅은 하늘의 한 유형이지. 왜냐하면 그 땅에는 북쪽(사 14:13)에 있는 하늘과 같이 예루살렘과 시온 산(히 12:22)이 있기 때문이다."

"무슨 말씀인지 하나도 모르겠습니다. 저는 카나안이 지상의 영적 전쟁의 한 유형이라고 생각했습니다."

"그래, 그렇게 될 거야. 그런데 너는 카나안에 들어갈 모든 사람이 거기 들어가기 전에 모두 죽어야 한다는 사실을 눈치 챘느냐?"

"아니요. 그 일이 일어나지도 않았고, 주님께서 알려 주시지도 않았는데, 도대체 그걸 어떻게 눈치챌 수 있겠습니까?"

"그래, 맞다. 요단은 죽음을 의미하는 하나의 그림이고, 너희 백성은 요단을 건널 때 모두 여호수아에게 침례를 받으며 묻혀야만 한다. 그건 마치 홍해를 건널 때 너희 백성이 너에게 침례를 받은 것과 같은 것이지. 물론 이게 전부 다는 아니란다, 모세야. 너는 네가 약속의 땅에 다시 나타나기(마 17:1-6) 1,400년 전에 죽게 될 것이다."

"저는 지금 아스피린이나 타이레놀 같은 약 좀 먹어야 할 것 같습니다." 모세가 투덜댔다.

"좋아. 좀 쉽게 설명해 주겠다. 이스라엘은 나의 첫태생이다. 그렇지?"

"물론, 그렇습니다. 이스라엘은 주님의 첫태생인 아들입니다"(출 4:22).

"맞았어. 나의 '첫태생인 아들'은 언젠가는 이집트로부터 불러냄을 받고 카나안으로 돌아가야 해(창 15:13-15). 맞지?"

"잘 모르겠습니다. 정말 그런가요?"

"자, 내가 너에게 얘기한 대로 네가 창세기 15:13-15에 쓰지 않았느냐."

"맞습니다. 확실히 그렇게 썼습니다."

"자, 거기로 가서 읽어 봐라. 둔한 사람 같으니."

이에 모세는 창세기 15:13-15를 읽었다.

"모세 네가 읽은 바와 같이, 내가 만약 나중에 진짜 아들을 낳으면, 그는 '이집트로부터 불러냄'을 받아야 된다(마 2:15). 그렇지?"

천천히, 아주 천천히, 모세가 중얼거렸다. "아... 그... 런 것 같습니다."

"모세야. 그런 것 같은 게 아니고, 확실히 그런 것이다! 반석이 민족을 낳을 수 있다면(신 32:18) 사람도 낳을 수 있고(고전 10:1-4), 그렇다면 반석이 반석을 낳을 수도 있는 것이지!(고전 10:1-4, 마 3:9) 물론 그 반석이 다윈의 '암석 조각들'이나 어떤 교황의 '바위'가 아닐 때 이야기란다. 그들의 바위들은 우리의 반석과는 같지 않지(신 32:31). 너도 알다시피 말이다!"

서기는 아무 말도 하지 않았다. 마침내 주님께서는 모세에게 그 "꿈"은 말씀이었다는 사실을 분명하게 납득시키셨다.

결국 모세는 한숨지으며 말했다. "저, 제가 쓴 글의 나머지 부분들이 '목자의 아들'이 어떤 삶을 살 것인가에 대한 그림이라면, 그분이 주님의 아들인데도 불구하고, 누군가가 그분을 죽이려고 한다는 추측이 듭니다. 저 친구들(아벨, 요셉, 이삭, 야곱, 그리고 저까지) 모두가 목자라는 사실도 깨달았습니다."

"똑똑해진 너의 모습을 보니 정말 기쁜 일이구나, 모세야. 훌륭한 추측이다. 정말 훌륭한 추측이야. 그런데 내 생각에는 말이다, 나의 아들 요한이(그 애는 목자가 아니고 어부일 것이지만) 너의 그 추측을 뒷받침해 줄 것이다"(요 1:12,13; 15:25; 11:51; 8:40; 7:1,20; 8:59).

제 4 장

UN이 성경을 거부하는 이유

지금까지의 내용에 따르면, 하나님을 거부하는 죄인들에게는 성경의 "저자"이신 주 하나님께서 성미가 고약한 분이시고 그들을 기만하는 영리한 사기꾼이신 것처럼 보일 것이다. 또한 정치적으로도 전혀 "정당하지 못하신" 분으로 비쳐질 것이다. 그러나 하나님께서는 그분의 피조물들의 "삶의 방식"과는 아주 동떨어진 분이시다. 하나님께서는 인류의 철학(실용주의, 인본주의, 이상주의, 현실주의, 실존주의, 자연주의) 중 어떤 부분도 받아들이지 않으신다. 어떤 교회 국가의 종교나 죄인들이 만든 "박애주의" 종교(유대교, 카톨릭, 힌두교, 브라만교, 도교, 개신교, 그리스정교, 인본주의, 장로교, 감리교, 루터교 등)에도 동조하시지 않는다.

더욱이 이 부정적이고 심술궂은 데다 고약하고 비판적인 "증오 문학"의 저자께서는 인류의 진보나 "진화"를 위한 목표, 계획, 이상, "사상 체계" 따위에는 관심조차 없으시다. 다만 하나님께서 모세에게 기록하게 하신 내용들은, 인류의 창조주께서 받아들이시고 인정하시며 축복하실 정치 체계가 오직 신정정치뿐이라는 사실을 알려줄 뿐이다! 참으로 이 얼마나 21세기에 합당한 위대한 사상인가. 신명기 17장의 말씀에서는 아무도 이 사실을 놓칠 수 없도록 분명하게 기록하고 있다. 그가 혹시 창세기 41장과 49장의 말씀을 놓쳤다 할지라도 말이다. 신명기 33장에 이르러서는 모세가 단호하게 이 말씀을 탁자 위에 기록해 놓고 있다. 『**그는 여수룬에서 왕이었도다**』(신 33:5).

정치 체계에 관하여 하나님께서는 "최고 권력자"로서의 한 사람을 염두에 두셨는데, 그는 성경의 저자로부터 오는 절대적이고 완전하며 총체적인 권력(시 2장)을 지닌 사람이었다(삼하 23:3,4).

결국 민주주의는 창밖으로 사라져 버렸다.

제3제국은 슬며시 뒷문으로 빠져나갔다.

UN과 EU가 선실 현창 밖으로 나갔다.

과두정치도 배수관으로 빠져나갔다.

공화정치는 하수구로 흘러나갔다.

"바티칸시국" 역시 배수로를 타고 흘러나갔다.

게다가 미국연방수사국(FBI), 미국중앙정보부(CIA), 미국외교위원회(CFR), 미국흑인지위향상협회(NAACP), 미국환경보호청(EPA), 미국역사기록협회(HRS), 3국위원회(Trilateral Commission), 적십자(Red Cross), 미국교육협회(NEA), 미국연방비상관리국(FEMA), 일루미나티(Illuminati), 평화봉사단(Peace Corps), 빌더버거(Bilderbergers), 교황청, 루소, 볼테르, 마라, 당통, 프랭클린, 제퍼슨, 애덤스, 워싱턴, 스탈린, 레닌, 마르크스, 루스벨트, 케네디, 클린턴의 모든 작업까지 수챗구멍으로 내려가 버렸다.

성경은 그들에 대해 반대 증언하는 일종의 유언이었다.

말하자면 하나님께서는 어느 시대의 "현대인"과 비교해 보아도 "시대에 뒤떨어진" 분이시다. 그분은 어느 시대든 거듭나지 않은 인류와는 교류하지 않으신다. 다윈의 비위나 맞추기 위해, 누군가는 크로마뇽인이 "계몽되지 않았던" 자신의 조상들, 곧 네안데르탈인, 베이징인, 자바인 등과 비교해 보았을 때 크로마뇽인들의 세대가 얼마나 "현대적"인가에 대해 이야기하는 데 인생의 절반을 할애했다고 추측할는지 모른다.

모든 복제된 로봇들이 시대를 막론하고 동일한 멍청이들에 의해 프로그램 되고 있다.

ABC, CBS, CNN, BBC, 〈타임〉, 〈라이프〉, 〈피플〉, 〈US 뉴스 앤드 월드 리포트〉 등과 같은 방송, 신문, 잡지에 따르면, 역사는 늘 하나님을 앞질러 왔다고 말한다. 따라서 오늘날에도 (A.D. 60년경에 기록된 로마서 1장에 자세히 묘사된 대로, 자신의 예정된 길을 따라가고 있는) 인류는 역사를 날조하고 "수정"해야만 한다. 역사는 인류가 원하는 방식 그대로 성취되어야 되기 때문이다. 이를 위해서는 하나님께서 "죽은 상태"로 계셔야만 하는 것이다. (열왕기상 21:14의 말씀을 주목하라! 나봇이 죽어야만 아합왕이 나봇의 소유인 포도원을 빼앗아 자기 마음대로 할 수 있었다. 마찬가지로, 하나님께서 죽어 계셔야 인류가 하나님의 소유인 역사를 빼앗아 마음대로 할 수 있는 것이다.)

현대의 언론인, 편집자, 시사 해설가, 역사가들의 가장 까다로운 자격요건들을 만족시키기 위해서, 하나님께서는 마태라는 서기(마 9:9)와 셉나라는 서기(왕하 18장)를 그분의 사무실로 부르셨다. 그리고 그 둘에게 "A.D. 33년에 있을 두 가지 새로운 소식을 쓰게 하려고 너희 두 신사를 부른 거다."라고 말씀하셨다.

하나님께서는 대략 B.C. 890년경 셉나를 부르셨고, 마태는 제자 훈련을 마칠 때까지 기다리셨다가 A.D. 48년경에 부르셨다.

하나님께서는 셉나에게 다음과 같은 지시사항을 주셨다.

"셉나야, 네가 르호보암, 여로보암, 바아사, 시므리, 오므리의 통치를 기록하는 동안 아합의 생애에서 발생했던 작은 사건 하나를 포함시켰으면 좋겠다. 그러나 아합이 전투에 나가서(왕상 22장) 죽기 전까지는 그것을 기록하지 마라. 그때에 네가 기록한 글을 읽는 많은 사람들이 왜 아합이 그렇게 죽었는지(왕상 22:38)를 궁금해 할 것이다. 그때 네가 그들에게 그 내용을 알려 주면 된다.

네가 이 간략한 역사적 일화를 기록할 때에 강조해야 할 것들이 있으니, 잘 들어 봐라.

1. 포도원을 소유하고 있는 한 경건하고 율법을 잘 지키는 유대인.

2. 율법에 따라, 그 포도원은 합법적으로 그 유대인의 유업이다.

3. 한 통치자가 그 포도원을 탐냈으나, 얻을 수 없었다.

4. 그의 아내(하늘의 여왕에게 경배하는 이교도 우상 숭배자)가 자기 방식으로 그 포도원을 빼앗아오기 위해 그 통치자로부터 허락을 받았다.

5. 그녀는 (그 성읍의 종교적인 장로들의 후원에 힘입어) 하나님을 모독했다는 죄명을 씌움으로써 그 유대인을 죽게 만들었다.

6. 그 유대인은 성읍 밖으로 끌려 나갔으며, 거짓 증인들의 증언에 따라 거기서 죽임을 당하였다.

7. 그 사악한 통치자는 이제 그 포도원이 자기 것이라고 생각했다. 그리고 잠시 그 포도원을 소유했지만 하나님께서 그를 전쟁터에서 죽게 하셨다."

"네, 잘 알겠습니다. 그런데 이 내용은 하나의 살인 사건에만 너무 많은 시간과 주의를 기울이는 것처럼 보이는데요, 사실 이세벨과 아합은 그 외에 수백 명의 경건한 백성들도 죽였지 않습니까(왕하 9:7)."

"그래 맞아, 사실이지. 하지만 나는 오직 이 친구에게만 '초점'을 두고 싶구나. 왜냐하면 약 800년 후에 이 사건과 똑같은 사건이 다시 일어나니까."

아닌 게 아니라 A.D. 48년경 마태가 "복음"을 기록하게 되었다. 마태가 예수 그리스도께서 성전에서 서기관 및 바리새인들과 나누셨던 대화(마 21장)를 기록하기 시작하자마자, 주께서는 "내 아들이 말했던 포도원에 관한 비유에 대해 기록하라."고 말씀하셨다. 마태는 그 내용을 기록하면서 다음과 같은 내용들을 포함시켰다.

1. 포도원을 소유하고 있는 한 경건하고 율법을 잘 지키는 유대인.

2. 그 포도원은 그 유대인의 소유이다. 즉 그는 포도원의 정당한 소유주이다.

3. 몇몇 악한 종교 지도자들(마 21:45)이 그 포도원을 탐냈다.

4. 그들은 한 사악한 여자(계 17장)의 통치자(요 19:15)를 자기들의 통치자라고 주장했고, 그 후에 그녀는 그들이 그 포도원을 취하도록 도왔다.

5. 종교 지도자들은 하나님을 모독했다는 죄명(마 26:65)을 씌움으로써 그 유대인을 죽게 만들었다.

6. 거짓 증인들의 증언이 있은 후에(마 26:59), 그 유대인은 성읍 밖에서 죽임을 당했다(히 13:12).

7. 그 악한 통치자(요 19:15)는 잠시 그 포도원을 소유했지만, 하나님께서 그를 전쟁터에서(계 14,19장) 죽이셨다(합 3:13, 사 14:17-19, 창 3:15, 롬 16:20).

너무나 하찮아 보여서 그 어떤 대사, 회장, 상원의원, 국회의원, 왕, 대통령, 랍비, 독재자, 관료, 추기경, 신부, 부통령, 수녀, 수도승, 황제일지라도 결코 "동의"하지 않을 이 사건에 관한 간략한 설명에 대해, 셉나와 마태에게 충분히 보상하시겠다고 주님께서는 스스로 맹세하셨다. 지난 20세기 동안 그들은 이 사건에 눈길 한 번 주지 않았다.

그러나 이 두 개의 작고, 사소한, 비종교적이고, 부차적인 "뉴스 속보"가 21세기의 종말을 결정지었다. 이것은 UN이 시온주의를 "인종 차별"이라고 규정짓기 20세기도 더 전의 일이었다.

셉나와 마태 모두 종교적인 설명은 쓰지 않았다. 어떤 사람의 믿음이나 이단 교주를 추종하는 것, 탄트라 연구, 교회 출석, 그리스도께서 세우신 교회를 찾는 일, 음양론에 대한 명상, 각종 성사들, 침례를 받는 것, 전경기(티베트 불교에서 기도나 명상을 할 때 돌리는 바퀴 모양의 경전) 돌리기, 만트라(불교의 주문) 암송 또는 라마단 금식에 관한 언급은 전혀 없었다. 아무런 논의나 규정도 없이, "신성 모독"만 언급될 뿐이다.

지금까지 이보다 더 비종교적인 내용도 없었다. 이상 두 내용 중 어느 누구도 그리스도께 "마음을 쏟거나," 그리스도를 고백하지 않는다. 그 누구도 황금률을 지키지 않았고 업보를 제거하지도 않았다. 어떤 신도 거론하지 않았으며, 초능력이나 신통력, 유체이탈, 공중부양, 정신기법을 실행하지도 않았다.

두 사건 모두 누군가가 포도원을 훔치고 싶어서 다른 누군가를 죽였다는 설명을 하고 있다.

실로 대단한 신학적인 신조 아닌가?

엉망진창처럼 보이는 이런 내용들 안에서 어떤 "교회"나 "믿음" 또는 "종교"를 찾는 것은 불가능한 일이다. 나봇에게 "하나님을 모독"했다는 죄명을 씌우는 것과 그리스도께 "신성모독"이라는 죄명을 씌우는 것 사이에는 어떤 연관도 없어 보인다.

그러나 재앙을 불러일으키는 이 책에서 가장 잔인한 사실은, 이 책의 저자의 성향이 인간의 기호에 걸맞은 내용을 기록하기에는 적합하지 않다는 것이다. 그분의 문학적 이질성은 그분의 "사고방식"이 어떠한지 명확하게 드러낼 뿐 아니라, 그분의 신념 또한 잘 제시해 준다.

첫째, 그분은 잔인한 "계급주의자"(잠 22:2)이시다. 둘째, "성차별주의자"(고전 11:3-9)이시고, 편향된 "인종주의자"(슥 14:21)이시다. 셋째, 질투하시는 "차별주의자"(신 32:41-43, 느 13:23-27)이시고, 질투하시는 "고립주의자"(민 23:9, 삼상 8:7-9)이시다. 공포로다! 어찌하여 사람을 지으신 분(마 19:4)께서 "신을 만드는 자들"(사 44:6-20, 행 12:22,24)과 완전히 반대된 "세계관"을 가지셨는가! "그분을 없애버리라!"(행 22:22). 『**그는 마땅히 죽어야 하나이다**』(요 19:7). 『**그는 사형에 해당한다**』(마 26:66).

그래서 "신을 만드는 자들"은 『**믿음의 창시자요 완성자**』이신 분을 죽이고(히 2:10-14, 행 7:52, 고전 2:8), 그분의 포도원을 탈취한 것이다. 그러나 이것은 잠시일 뿐이다.

이렇게 한 후에, 그들은 그분의 책을 훔쳐서 마호메트, 풀턴 신, 라마크리슈나, 토마스 아 켐피스, 부처, 공자, 멘델스존, 간디, 알베르트 슈바이처, 로이드 더글라스, 바르트, 브루너, 틸리히, 구루 아르주프, 테레사 수녀, 티모시 올리어리, 조로아스터, 카모 마부치, 윌리엄 제임스와 함께 "종교"라는 상자 속에 집어넣고 소위 카톨릭에서 지옥의 변방이라고 부르는 림보에 처박아 두었다.

무덤 안에 가둬 두면 전능하신 하나님께서 미래 역사에 더 이상 간섭하실 수 없을 것이라는 심산이다. 사람들은 지구상 모든 카톨릭 성당의 "제단" 위 금속제 "감실" 같은 그런 과자 상자 안에 무소부재하시고 영원하신 하나님을 가두어 놓았다.

그러나 『**하나님의 말씀**』은 그런 식으로 매일 수 없다(딤후 2:9). 여기에 바로 그 책이 있다! 이 책은 현재에도 여전히 존재한다. A.D. 1800년부터 현재까지 이 책을 제거하려는 시도는 200번도 넘게 있었다. 그러나 이 책은 세계 공통어로 여전히 살아 있다! 이 책을 집어 들고 읽으려는 사람이라면 누구나 2,000년이라는 기간을 관통하는 그러한 규칙성과 명확성을 보여 주는 세 가지 주제에 의해 강력한 타격을 입을 것이다.

종교개혁을 이룬 1611년판 〈킹제임스성경〉 안에 발견되는 진리들을 제거하기 위한 200번 이상의 시도에도 불구하고, EU와 UN 산

하의 모든 나라들 및 아시아, 유럽, 아프리카의 모든 국가들은 "뉴에이지"와 그에 연루된 모든 정부들을 위해 마련된 그야말로 생지옥을 말하는 세 가지 주제에 직면하게 되었다(렘 30:11).

이 주제들은 구원 계획이나 동정녀 탄생, 그리스도께서 세우신 교회, 중생, 성화, 지구의 평화 또는 "사람에 대한 사람의 비인간성을 종식시킬 방법"보다 더 많이 언급된다. 그리고 세 가지 모두 보좌에 앉으신 한 왕에 의해 수립될 하나의 정치적인 왕국을 다루고 있다. 하늘, 연옥, 림보, 낙원, 지옥, 신화에나 나오는 발할라, 영생, 영벌은 여기에서 언급조차 되지 않는다.

1. 세계가 한 왕에 의해 통치될 예정이라는 것과 어떤 왕이 어떤 장소에 도착하여 어떤 보좌에 앉을 때까지는 전쟁이 끊이지 않을 것이라는 사실을 반복적으로 예고하고 있다(렘 3:17, 마 25:31, 시 2:6,8-12, 시 110편, 사 2,11장, 눅 1:30-33, 행 2:30,36, 슥 14:3,9).

2. 이 보좌가 이 지상에 있을 것인데, 문자적이고 실제적인 한 도시 안에 물리적인 실제 땅 위에 세워질 눈에 보이는 문자적인 성전 안에 놓일 것이라는 사실과, 이 도시와 땅이 하나님의 개인적인 소유지라는 사실을 반복적으로 경고하고 있다(겔 38:16, 욜 2:18, 사 14:25, 시 105:44; 48:8; 87:3, 왕상 11:36, 시 2:6). 게다가 이 지역은 도쿄, 베를린, 뉴욕, 모스크바, 워싱턴, 베이루트, 메카, 시카고,

로스앤젤레스, 봄베이, 홍콩, 하바나 등의 도시와는 구별되고 또한 큰 대조를 이룰 것이다.

이러한 내용은 B.C. 3000년 이후로 어떤 역사가에 의해 기록된 세속 역사에서도 언급된 적이 없다. 단 한 번도 없다. 이것은 미국 의회 도서관의 2,300만 권의 책들 속에도 완전히 누락되어 있다.

3. 이 책에 의하면, 이 책의 저자이신 『**지극히 높으신 하나님**』께서 UN 평화유지군, UN의 모든 "평화 정책", 바티칸시국, EU, 모든 동양 국가들, 동양의 "종교적 신념들," 그리고 창세기 1-12장, 마태복음 28장, 고린도전서 15장의 역사적 사실성을 부정하는 지상의 모든 "신념들"과 UN을 파괴하실 때, 이 땅과 도시가 사용될 것이다.

이것이 스카랴 10-14장에 기록된 역사적인 기록이다.

불쌍하고 늙고 눈멀고 제대로 걷지도 못하며 자만하고 간음하는 마호메트는 이러한 일들에 대해 추측조차 해 보지 못했다. 역사상 스카랴보다 1,200년이나 더 근접하게 살았는데도 말이다. 로마에 있는 불쌍하고 눈먼 "우상 목자들"(슥 11:17) 역시 마찬가지였다. 자기들 바로 눈 앞에서 이런 일들이 시작되고 진행되는데도 말이다(1918년 이후 현재까지). 이 세 가지 주제에 관련된 성경 구절들은 A4용지 양면을 행간여백 없이 빽빽이 채워도 네 장 분량이나 되므로 여기에서 일일이 제시하기는 어렵다. 이 구절들은 모두 권위, 왕권, 최종권위, 왕, 영원한 왕국을 다루고 있다. 그리고 이상 다섯 가지 항목은 그 이면에 역사 이전까지 거슬러 올라가는 문자적인 역사를 가지고 있다(사 14장).

이 역사도 2,300만 권 중에서 오직 하나의 책에서만 발견된다. 왜냐하면 그 다섯 가지 항목들에 관하여 기록한 과거뿐만 아니라 미래 역사를 담고 있는 책은 이 책뿐이기 때문이다. 지상에는 이와 비슷한 내용을 담고 있는 책이 단 한 권도 존재하지 않는다. 이렇게 놀라운 "내용 구성"은 4,000개의 선반에 꽂혀 있는 종교 서적 속에서는 발견되지 않는다. 누군가 이 하나님의 책을 펼쳐 그 내용을 베껴서 책을 만들지 않았다면 말이다.

『**주의 책**』 속에는 물침례, 영적 침례, "셰키나(하나님의 현현)," "위로부터 오는 빛," 동정녀 탄생, 십자가에 못박히심, 그리스도의 몸, 세계 평화, 최후의 심판, 예수 그리스도의 신성, 목사 · 집사 · 감독의 자격, 우주의 창조에 관한 정보보다 이 다섯 가지 항목에 대한 역사적인 정보와 종교적인 정보가 더 많이 들어 있다.

이 얼마나 터무니없는 책인가! 인류를 파멸시킬 만큼의 이 얼마나 경악스럽고 충격적인 책인가!

성경의 주요 주제는 아직 일어나지 않은 사건들을 다루어야만 한다. 이 사건들은 주요 주제가 다루는 내용의 85%를 차지한다. 만약 이 사건들이 일어나지 않는다면, 성경과 성경의 저자는 거짓말쟁이가 된다. 반대로 일어난다면, 성경은 어떤 무신론자나 불가지론자도

시비 걸 수 없는 기적적인 방식으로 성경 자체가 초자연적임을 증명하게 된다. 성경은 진리이거나 거짓이다.

자, 당신은 어디에다 걸겠는가!

"현대인"과 "현대과학"은 성경에 대해서 사람들에게 분별 있고 합리적이며 사실적인 설명을 해주지 않는다. 성경과 맞대어 보면, 이들은 450kg 무게가 나가는 사자 앞에 서 있는 무기력하고 벌거벗은 어린아이 같이 된다. 의심할 바 없이, 그들은 "성경공포증환자"이다!

모세는 "모세오경"의 첫 번째 책인 창세기를 마치기 전에, 두 번째 주제가 처음에 언급된 이래로 여덟 번이나 반복되고 있다는 사실을 알게 되었다. 여덟 번이라는 것은 전체 50개 장에서 매 일곱 장마다 한 번씩 반복되는 것보다 더 많은 횟수이다. 그것은 누군가의 믿음이나 신념, 종교, 선한 삶, 하나님을 믿는 것, 하나님을 불신하는 것, 내세에 대한 개인적인 생각, 영적 세계, 인본주의, 사랑, "동료를 돕는 것," 지상 평화 또는 "지구를 더 살기 좋은 곳으로 만드는 것"과는 무관하다. 이 둘째 항목은 어떤 종교적 내용과도 전적으로 무관하다. "신성모독"이라는 단어는 이 둘째 항목과 연관성조차 없다.

간단히 말하자면, 이는 근동에 있는 땅 한 조각에 대한 명백한 부동산 권리 증서를 다루고 있다(창 12:7; 13:14-18; 15:18-21; 17:7,8; 22:17; 28:13,14; 35:12).

성경의 저자께서는 이 땅 한 조각이 자신에게 속한 것임을 주장하고 계신다. 그것은 그분의 소유지이다. 그러므로 그분께서는 친히 주시기 원하는 누구에게라도 그것을 주실 수 있다. 히브리 이방인(롬 4:9-13)이었던 한 바빌론 이방인(창 11,12장)으로 시작하여, 그분께서는 그 땅에 대한 부동산 권리 증서를 열두 명의 자손(민 23:19-24)에게 넘기셨다. 그들의 어머니들은 시리아 이방인(창 29,30장)이었고, 할머니도 시리아 이방인(창 24장)이었다.

보시다시피, 이것은 말 그대로 민족차별주의이다.

문자 그대로 민족에 대한 차별인 것이다.

만약 누군가 성경을 읽으면서 이 사실을 의심한다면, 신명기 32:8을 향해 "정면으로" 부딪혀야 한다. 바로 거기에서, 역사의 시작과 끝(계 22:13)이신 역사의 저자께서는 바벨탑(창 11장) 이후로 나누어진 모든 이방 민족들이 아브라함, 이삭, 야곱이 나타나기도 전에 정해졌던 유대인의 방식을 따라야 한다고 선언하셨다. 야곱은 각각 셋씩 네 쌍인 열두 자손으로 그 "방식"을 만들었다. 이삭이 이 열두 자손의 할아버지이긴 하지만, 이스마엘과 이삭은 그 방식의 원형은 아니었다(창 35:28,29).

이 한 조각의 땅은 『**영광의 주**』께서 (B.C. 4000년경에) 그분 스스로 시작하신(창 1장) 인간의 역사를 끝내시기로(계 20:9-11) 정하신 장소이다. 요한계시록 20장의 사건이 일어나기 수세기 전에, 영광의 하나님, 즉 『**우리 주 예수 그리스도의 아버지**』(고후 11:31)께서 UN과 평화를 유지하려는 "세계의" 모든 뉴에이지 시민들을 바로 그 땅 위에서 멸망시키시겠다고 선언하셨다. 하나님께서는 그들의 동의

나 제안이나 허락 없이도 이 일을 행하실 것이다. UN의 모든 국가들이 이 일에 반대하는 "투표"를 한다 해도 말이다. 누가 "언제 어떻게 그런 법이 정해졌느냐"고 말할지라도, 이 일은 반드시 일어나고야 말 것이다(사 8:9,10). 이 일을 행하시겠다는 하나님의 의도는 정확히 말하자면 2,600년도 더 이전에 선언된 것이며, 그 구절들은 다음과 같다.

『**오 너희 백성들아, 단결하라. 그래도 너희가 산산이 부서지리라. 너희 먼 나라들의 모든 사람아, 귀를 기울이라. 너희는 허리를 동이라. 그래도 너희가 산산이 부서지리라. 너희는 허리를 동이라. 그래도 너희가 산산이 부서지리라. 함께 의논하라. 그래도 아무것에도 이르지 못하리라. 말을 하라. 그래도 서지 못하리니 이는 하나님이 우리와 함께 계심이라**』(사 8:9,10).

『**너희는 이것을 이방인들 가운데 선포하라. 전쟁을 예비하며 용사들을 깨우고 모든 전사들로 가까이 오게 하며 그들로 올라오게 하라. 너희 보습을 쳐서 칼을 만들고 너희 낫을 쳐서 창을 만들라. 약한 자로 '나는 강하다.'라고 말하게 하라. 너희 모든 이방들아, 모여서 오라. 다 함께 주위에 모이라. 오 주여, 주의 용사들로 그곳으로 내려오게 하소서. 이방으로 깨어서 여호사밧 골짜기로 올라오게 하라. 이는 내가 거기에 앉아서 주위의 모든 이방을 다 심판할 것임이**

로다』(욜 3:9-12).

『또 **주께서 시온에서 포효하시고 예루살렘에서 그의 음성을 내시리라. 또 하늘들과 땅이 진동하리라. 그러나 주는 그의 백성의 소망과 이스라엘 자손의 힘이 되시리라**』(욜 3:16).

성경이 만약 역사책이라면, 당신이 방금 읽은 모든 단어들이 몇 년 내에 그대로 실현될 것이다. 성경이 정말로 역사책이라면, 위 구절들에 대한 어떤 개인의 의견도, 어떤 교회의 해석도, 어떤 학자의 주석도 고속도로 상에서 자동차 바퀴에 깔린 메뚜기만한 가치도 없는 것이다.

무지한 서기인 가련하고 늙은 모세는 이 세 가지 주제가 미래에 어떻게 적용되는지를 몰랐다. 그러나 그는 출애굽기 3:5을 쓰기 시작했을 때, 매우 의심스러워졌다. 이것은 호렙 산 근처에서 이드로의 양떼를 돌보던 시절에 들었던 바로 그 말씀이었다. 그런데 지금까지 그 말씀들을 완전히 잊고 있었던 것이다. 왜냐하면 당시로서는 주의 천사(행 7:30)를 대면한다는 충격과 공포에만 휩싸여 있었기 때문이다. 그때 『**가시덤불 속에서**』(행 7:35) 나타난 그 천사는 『**여기로 가까이 다가서지 말고 네 발에서 신을 벗으라. 이는 네가 서 있는 곳이 거룩한 땅임이니라.**』고 말했었다.

모세가 나중에 모든 사람들이 "종교" 서적이라고 부르게 될 50장

분량의 첫 번째 책(창세기)을 쓰는 동안에, 『**거룩한**』이라는 단어는 한 번도 나온 적이 없었다. 이제 모세가 그의 두 번째 책을 쓰기 시작했는데, 바로 여기에서 이 『**거룩한**』이라는 단어가 나온 것이다. 그런데 이 단어가 어떤 사람이 하나님이나 그리스도 또는 "알라"나 어떤 "신"을 경배하는 것과 전혀 상관없이 등장하고 있다!

즉 『**거룩한**』이라는 단어가 땅과 관련하여 말할 때 사용된 것이다!

이 단어를 쓰는 순간에 (즉, 이 단어를 받아 적는 순간에) 모세는 갑자기 멈칫했다. 마치 최면에 걸린 사람처럼 자기가 방금 쓴 단어를 계속 노려보고 있었다. 그 단어에 너무 매료된 나머지 실제로 자신의 "감독자"께서 『**나는 네 조상의 하나님이니**』라고 말씀하시는 것을 제대로 듣지 못했다.

모세가 자신의 "감독자"께서 하신 말씀을 잘 알아듣지 못한 것은 "학계"에서 소위 "동화"나 "견인"으로 알려진 평범한 "필사상의 오류"를 범한 것인데, 어쩌면 이것은 잘된 일이었을지도 모른다(존 윌리엄 버간의 〈전통 원문 상의 필사 오류의 원인들, The Causes of Corruption in the Traditional Text〉을 보라). 왜냐하면 모세가 『**거룩한**』이라는 단어를 1평방 마일도 안 되는 작은 땅 조각이 아니라 하나님께 붙였을 것이기 때문이다. 그래서 "나는 네 조상의 '거룩한' 하나님이니"라고 썼을지도 모른다. 결국 이렇게 기록하는 것이 "총체적으로, 오류 없이, 영감받은, 최초의 원본"에 대한 올바른 "본문"이었어야만 한다는 것이 학자들의 주장이다! (A.T. 로버트슨, 케네스 웨스트, 마이크 랜달, 로버트 섬너, 도널드 웨이트, 알린 홀튼, 제임스 콤스, 밥 존스 3세, 스튜어트 커스터, 윌버 스미스, 델 존슨, 제리 팔웰에 의해 출간된 20세기의 비뚤어진 헛소리나 와필드, 핫지, 메이첸, 네슬, 그레고리, 홀트, 라이트풋, 샤프, 티센도르프, 라흐만에 의해 출판된 19세기의 삐딱한 헛소리들을 보라.)

도대체 어째서 하나님께서는 거룩하신 하나님으로서 자신을 드러내시기도 전에 땅 한 조각에다 『**거룩한**』이라는 단어를 먼저 쓰셨을까? 하나님께서는 레위기 11:44에 이르기 전까지는 『**너희는 스스로 성결케 하여 거룩하게 될지니라. 이는 내가 거룩함이라.**』라고 결코 말씀하지 않으셨다. 어째서 땅 한 조각이 그 형용사의 용례에 있어서 『**이스라엘의 거룩한 분**』(사 1:4; 5:19)보다 앞설 수 있단 말인가?

그것은 비합리적인 정도를 넘어서 어처구니가 없는 일이다. 비종교적이고, 터무니없는 신성모독적인 몰상식이다.

하나님께서는 노아의 방주에 『**거룩한**』이라는 단어를 사용하신 적이 없다. 에덴동산을 만드셨을 때에도, 그것에 『**거룩한**』이라는 단어를 사용하시지 않았다. 하나님께서는 아브라함, 이삭, 야곱, 요셉, 유다의 일대기에서도 『**거룩한**』이라는 단어를 사용하신 적이 없다. 창세기 3장과 22장, 39장, 40장, 49장을 기록하실 때, 하나님의 "아들"에게도 『**거룩한**』이라는 단어를 사용하신 적이 없다. 그런데 어떻게 땅 한 조각에 갑자기 『**거룩한**』이라는 단어가 사용되었단 말인가?

사막으로 이루어진 반도에 있는 산 하나가 어떻게 하나님보다 앞서서 "거룩하다"고 불릴 수 있는가? 과연 그런 책을 "종교" 서적이라고 할 수 있겠는가?!

자, 이것이 바로 성경이다. 이 성경이 전 세계의 어떤 언어로 누구에 의해 번역되었든, 어떤 판본이든, 그 책에는 시내 반도 부근의 그 땅이 "거룩하다"고 기록되어 있다. 하나님께서는 자신이 거룩하다는 사실을 드러내시기 전에 그 땅이 "거룩하다"는 것을 먼저 말씀하시는 것을 더 좋게 여기셨다. "첫 언급의 법칙"에 따라, 『**거룩한**』이라는 단어는 창세기 첫 장에서 이미 나타났어야 하는데, 실은 그렇지 않았다. 죄인들이 『**거룩한 신들**』(단 5:11)에 관하여 기록한 세상의 모든 종교 서적들은, 거룩한 양초, 거룩한 제단, 거룩한 향, 거룩한 어머니 교회, 거룩한 물, 거룩한 고양이, 거룩한 제의, 거룩한 묵주, 거룩한 화환, 거룩한 숲(할리우드), 『**거룩하시도다, 거룩하시도다, 거룩하시도다**』(사 6장)와 같이 다양한 "거룩한 것들"을 열거하기 전에 우선 그들의 신을 "거룩하다"고 말한다.

만약 하나님께서 거룩하시다면, 물론 하나님께서는 과거에도 거룩하셨고 지금도 거룩하시지만(수 24:19, 레 21:8, 시 99:5, 사 6:3, 겔 39:7, 레 11:44), 어째서 그분의 책을 기록하기 시작하셨을 때 즉시 그 사실을 언급하지 않으셨을까? 왜 53번째 장이 기록될 때까지 기다리신 후에야 『**거룩한**』이라는 단어를 말씀하셨을까? 또 무슨 이유로 『**거룩한**』이라는 단어를 처음 사용하실 때, 그 단어를 하나님 자신이나 하나님의 아들, 하나님의 교회, 하나님의 능력, 하나님의 영광, 하나님의 백성, 하나님의 책, 하나님의 말씀들(시 138:2!)에 사용하지 않으셨을까? 하나님께서는 그분께서 저주하셨던 땅(창 3:17)의 일부였던 땅 한 조각을 언급하시는 데 처음으로 『**거룩한**』이라는 단어를 사용하셨다!

그것이 『**거룩한**』 책이란 말인가?(딤후 3:15) 그런데도 사람들은 그것을 "종교 서적"이라고 부른단 말인가?

사실 인간의 모든 투쟁은 땅에 관한 것이다. 칼 마르크스조차 그것을 알고 있었다. 모세가 서 있던 땅에서 곧 있으면 3,000명이 죽임을 당할 것이다(출 32장). 주께서 시내 산과 세일 산에 오실 때에도 수천 명이 죽임을 당할 것이다(신 33장, 합 3장, 판 3장). 전 세계 신학교들에서 가르치는 헬라어 교수들과 히브리어 교수들을 제외하고 이 사실을 모르는 사람이 어디 있겠는가?

하박국은 콜럼버스가 산살바도르를 발견하기 1,500년도 더 전에 이 말씀을 가지고 있었다(합 3:3,6,12). 모세는 제1차 세계대전이 있기 3,000년도 더 전에 이 말씀을 지니고 있었다(신 33:2). 그러나 A.D. 2000년이 지난 지금까지 이 일은 일어나지 않았다.

이 역사책은 그 역사가 일어나기 전에 그 역사를 기록한다.

이것이 전 세계 모든 교실에서 성경이 치워져 버려야만 하는 이유인 것이다.

『**율법의 저주로부터**』(갈 3:13) 우리를 구속하기 위해 죽으신 분께서는 하나님께서 모세에게 신을 벗으라고 말씀하신 그 장소에서 주어진 계시 때문에 죽으셨다. 우리가 율법으로는 의로워질 수 없는 그 모든 것들로부터 우리를 의롭게 하시고(행 13:39,40) 『**율법의 저주로부터**』 우리를 구속하기 위해 죽으신 분께서 올리브 산에 서시기 전에 바로 그 장소로 돌아오실 것이기 때문에(슥 14장, 행 1장, 판 5장, 신 33장, 시 68장, 합 3장), 그 땅은 『**거룩한**』 것이다.

전 세계의 모든 주요한 신학교와 신학대학의 교수진들을 제외하고 누가 이 사실을 모르겠는가?

정직하게 말해서, 모세는 이 사실을 모르고 있었다. 그러나 우리의 늙은 모세는 그럴 만했다. 왜냐하면 아직 재판관기 5장과 시편 68편이 기록되기 이전이었고, 하박국 3장과 사도행전 1장이 기록되기 전이었기 때문이다. 또한 아무도 무엇으로부터 누군가를 구속하기 위해 죽지 않았고 『**은혜와 진리**』(요 1장)가 예수 그리스도로부터 오기 이전이었을 뿐만 아니라, 마태복음 17장이 기록되기 전까지는 예수 그리스도의 죽음을 알 수도 없었을 것이기 때문이다. 마태복음은 모세가 출애굽기 1-3장을 기록한 후 1,400년이나 지나서야 기록되었다.

모세에게는 이 사실을 모를 만한 이유가 있었던 것이다. 그러나 C.I. 스코필드, 라킨, 헨리 모리스, 더멜로우, 벌링거, 할 린지, 살렘 키르반 그리고 펜사콜라기독대학, 침례교성서신학교, 밥존스대학, 테네시템플, 리버티대학의 교수진들은 이 사실을 모를 이유가 전혀 없었다. 그들의 무지와 성경적인 어리석음은 최종권위인 성경에 대한 불신에서 왔다. 그들은 정확히 에스겔 14장, 이사야 6장과 29장, 예레미야 23장의 유대인 배교자들과 같다. 배교자가 아닐지라도 최소한 그들은 자기가 이해하지 못하는 〈킹제임스성경〉의 모든 구절을 바꾸는 습성을 지닌 자들에 속해 있다(라킨은 데살로니가후서 2:7을, 스코필드는 창세기 1:16을, 벌링거는 요한복음 19:32,33을 이해하지 못했다).

모세는 3,500년이나 일찍 그 사실에 관하여 들은 것이므로, "그러한 진리를 깨닫기에는" 무리였던 것이다.

주님께서는 항상 자유롭고 느슨하면서도 어떠한 제약이나 거침없이 기록하시기 때문에, 필요하다면 어떤 부분에서라도 비꼬는 표현들을 과감하게 사용하신다. 일례로, 말라기 3:15, 아모스 4:4, 이사야 41:23 등이 그렇다. 그래서 그분께서는 학개 선지자를 부르셔서 이렇게 말씀하셨다. "기록하라. 내가 말할 것이요, 너는 기록할지라. 그런 방법으로 이 역사책 안에 '하나님의 호흡'을 둘 것이다!"

그래서 학개는 시내 산에 있던 바위 의자, 곧 "모세의 자리"에 앉는다. 그리고 누가복음 2:14에서 『**땅 위에는 화평이요, 사람들에게는 호의로다.**』라는 말씀에 관해 천사가 전하는 소식의 "서문"을 쓴다. 하지만 그는 『**땅 위에는 화평이요, 사람들에게는 호의**』가 베들레헴 또는 갈보리에 나타나지 않을 것이라고 말했다(학 2:9). 두 장소 모두 "화평의 성읍!"인 예루살렘의 경계 안에 있지 않다. "땅 위의 화평"은 선지자들을 죽인 성읍인 예루살렘(마 23:34-37)에 화평이 있기 전까지는 나타나지 않을 것이다. 예루살렘은 당분간 『**소돔과 이집트**』(계 11:7-9)라 불릴 것이다!

어떤 무지하고 어리석은 "교황"이 (그 교황이 누구든) 그들이 생각하는 카톨릭 교회의 "창설자"가 거기서 살해당했기 때문에 예루살렘을 『**거룩한 성읍**』이라고 생각한다면, 다음 성경 구절들을 보아야 할 것이다.

『그리하여 땅에 쏟아진 의로운 모든 피가 너희 위로 돌아오리니, 의인 아벨의 피로부터 너희들이 성전과 제단 사이에서 죽인 바라키아의 아들 사카랴의 피까지니라... 오 예루살렘아, 예루살렘아, 선지자들을 죽이며 너에게 보낸 사람들을 돌로 치는 자야, 마치 암탉이 자기 병아리들을 날개 아래 함께 모으듯이 내가 얼마나 자주 네 자녀들을 모으려고 하였더냐? 그러나 너희가 원치 아니하였도다!』(마 23:35,37)

『선지자들 가운데서 너희 조상이 박해하지 아니한 사람이 어디 있었느냐? 또 그들은 의로우신 분의 오심에 관하여 미리 말한 그들을 죽였고 이제 너희는 그 의로우신 분을 배반한 자요 살인한 자가 되었으니... 그를 성읍 밖으로 끌어내어 돌로 치고 증인들은 겉옷을 벗어 사울이라고 하는 한 젊은이의 발 앞에 놓더라』(행 7:52,58).

지금의 예루살렘은 율법의 저주에 묶여 있고 『**새 예루살렘**』은 하나님의 자녀의 『**어머니**』라고 성경에 기록되어 있음에도 불구하고 (갈 3,4장), 모든 그리스도인들이 예루살렘을 숭배해야 한다고 생각한 그레고리 "대제"로부터 지금까지의 모든 교황들의 신성모독적인 무지를 상상해 보라! 그것은 상상조차 해 볼 수도 없는 일이다. 예루살렘을 교황들에게 넘겨주기 위하여 20만 명이 넘는 자칭 그리스도인이라는 사람들이 죽임을 당했다(A.D. 1000-1200). 왜 그런지 아는가? 교황들이 아프리카(이집트)의 동성연애자(소돔)가 아니라면, 왜 그들이 『**소돔과 이집트**』(계 11:8)에 발을 들여 놓길 원했겠는가?

학개가 기록하기 이전에도, 하나님께서는 다윗에게 갈보리나 베들레헴이 아니라 예루살렘에서 전쟁이 종식될 것이라고 말씀하셨다(시 76:1-3).

『**하나님께서는 유다에 알려지셨으며 그의 이름이 이스라엘에서 위대하시도다. 또한 살렘에는 그의 성막이 있고 그의 처소는 시온에 있도다. 거기서 그가 화살들과 방패와 칼과 싸움을 부수셨도다. 셀라**』(시 76:1-3).

이 사건은 예수 그리스도의 탄생이나 죽음과 아무런 관련이 없다. 오히려 거기에는 천사가 전하는 소식을 듣는 목자들이 있었다.

우리는 여전히 이 예언의 성취를 기다리고 있다.

다윗과 학개는 그 사건이 일어나기 2,000년도 더 전에 그 역사를 기록했다.

지금까지 2,440년 동안, 예루살렘의 화평은 완전히 "불가능한" 일이었다.

어느 가련한 후천년주의자는 크리스마스 캐럴 "천사 찬송하기를"이란 노래를 작사했지만, 선지자 학개가 『**모든 민족들의 열망이 이르리라.**』(학 2:7)는 말씀에서 그를 완전히 탈선시켜 버렸다. (참고로, 이 노래의 영어가사 4절에는 "오소서, 민족들의 열망이여, 오소서"라는 소절이 있다.)

이 불쌍한 작사가는 모든 "민족들"이 예수 그리스도께서 나타나시기를 열망한다고 생각했던 것이다! 역사 분야에서 이보다 더 터무니없는 상상도 없을 것이다.

가련한 요한 세바스찬 바흐(1685-1750)도 후천년주의적인 몰상식에 이끌리고 말았다. 그는 학개 2:7로부터 "예수는 만인의 기쁨"(Jesus, Joy of Man's Desiring)을 작곡했는데, 불쌍하기 짝이 없는 일이다. 실제적으로 무신론자나 다를 바 없는 배교한 학자들과 함께 〈킹제임스성경〉을 변개시킨 침례교도들의 "역사적인 입장" 또한 가련하기는 매한가지다(〈The Christian Liars' Library, 1997〉 참조).

지상에 있는 그 누구도 예수 그리스도를 "열망"하지 않는다. 성령께서 죄에 대하여 유죄판결을 내리실 때까지는 아무도 예수 그리스도를 "열망"하지 않을 것이다(요 16:9, 행 2:37). 어떤 민족도 예수 그리스도를 "열망"하지 않는다.

지금도 마찬가지이지만 과거 민족들(창 10,11장)의 역사 어느 때에도, 어떤 민족이 예수 그리스도께서 나라를 운영해 주시거나 국민을 인도해 주시기를 바랐던 적은 없었다. 미국 독립혁명 당시의 대륙 회의에서나 헌법제정자들이 권리장전, 독립선언서, 헌법과 같은 정부 공식 문서에 아돌프 히틀러의 이름을 넣지 않은 것과 마찬가지로 "만인의 기쁨"이신 『**예수 그리스도**』의 이름을 넣으려 한 적이 단 한 번도 없었다.

민족들은 주님을 거절한다. 그분의 민족조차 거절했다. 항상 "민족들"은 주님을 전적으로 거절해 왔고(시 2편), 그분을 대항하여 영적으로 싸워 왔으며(엡 6장, 딤후 3,4장, 딤전 4장, 계 2,3장), 문자 그대로(계 14,19장) 그리고 정치적으로(슥 10,12,14장) 주님을 대항하여 싸우게 될 것이다. 1900년 이래로 신문을 읽은 사람이라면 누구나 『**모든 민족들의 열망**』이 누군가의 종교적 신념이나 교회 또는 성사, 어떤 사람의 "믿음"과는 무관하다는 사실을 알고 있을 것이다. 1900년 이래로 모든 텔레비전 및 라디오 방송, 정기 간행물(잡지, 서적, 신문)들은 같은 말만 되풀이하고 있는데, 곧 창세기 14:1-8이래로 모든 민족들이 "열망"한다고 항상 공언했던 그 말만 되풀이하고 있는 것이다.

"모든 민족들"에 따르면, 그들의 열망은 국제적으로 『**땅 위에는 화평이요, 사람들에게는 호의**』(눅 2:14)가 임하는 것이다.

A.D. 500년 이후로 모든 카톨릭 교황들은 성경에 관한 한 무식한 자들이었기 때문에, 그들 중 어느 누구도 예수 그리스도의 탄생에 수반되는 예언인 누가복음 2:14의 말씀과 1,930년간(A.D. 70-2000)의 끊임없는 유혈사태를 조화시킬 수 없었다.

그래서 늙고 불경건하며 타락하고 성경을 왜곡시키는 이단자들(교황들)은 "호의를 입은 사람들"로 명명되는 선택된 개인들에게 "내적인 화평"이 임하는 것으로 만들기 위해 누가복음 2:14을 바꾸어 버렸다.

이것은 성령의 말씀들에 대한 오리겐식의 변개였다(A.D. 200). 이런 변개는 오늘날 수많은 그리스도인들의 가정에서 그대로 재현되고 있다. 이런 식으로 변개된 본문은 밥존스대학 및 침례교성서신학교(Baptist Bible College)의 NASV와 제임스 화이트, 프라미스키퍼스, 신복음주의자들, 신정통주의 설교자들, 바티칸시국이 추천하는 NIV 안에서도 발견된다.

이들은 모든 민족들이 "열망"했던 한 예언된 사건을 가져다가 자기들이 원하는 대로 경건하고 영적인 "음식"으로 대체함으로써 역사책을 종교 서적으로 바꾸어 버렸다.

NIV가 이사야 14:12의 본문을 변개시킨 것보다 더 왜곡되고 사탄적이며, 비뚤어지고 종교적이며 더러운 작품을 본 적이 없을 것이다. 왜냐하면 이 구절에서 『**만왕의 왕이시며 만주의 주**』(딤전 6:15)이신 분의 칭호(계 22:16)를 사탄에게 주었기 때문이다.

오늘날 모든 변개된 성경들은 예수 그리스도의 나타나심과 함께 오게 될 『**땅 위에는 화평**』을 제거했다. 그들은 모두 땅 위에 오게 될 화평이 오직 "호의를 입은 사람들," 즉 자기들을 위한 것이라고 말하고 있다. 그들은 1611년에 번역된 〈킹제임스성경〉을 변개시키고, 1946년에서 1990년 사이에 88번의 전쟁을 일으킨 자들이다.

학개는 교황들, 바흐, 헨델, 웨슬리, 멘델스존, NIV 번역자들, NCCC가 이 구절에서 겪은 것만큼이나 어려움을 겪었다. 그는 자기가 기록하고 있는 학개 2:9의 "최초의 원본" 내용에서 눈을 떼며 다음과 같이 말했다. "주님, 이 구절은 기록된 그대로를 의미하는 겁니까?"

"그래, 틀림없이 그런 뜻이지. 쉬운 다른 언어로 기록한다 해도 결과는 똑같을 거다."

"하지만, 주님! '예루살렘'은 '화평의 성읍'이라는 뜻이지 않습니까?"

"실상은 아니지." 주님께서는 빙그레 웃으셨다. "그건 좀 배웠다 하는 그리스도인들에게 던진 일종의 농담이란다. 나는 바로 그 '화평의 성읍'이 적어도 스물한 번 더 공격을 받도록 할 생각이다. 이미 여섯 번은 공격을 받았으니까"(B.C. 1400 - B.C. 440).

"그렇다면, 도대체 어째서 그런 성읍을 '화평의 성읍'이라고 부르시는 겁니까? 요한에게는 에스겔에게 말씀하셨던 것처럼(겔 16:46) 『**소돔과 이집트**』라고 부르라고 말씀하셨지 않습니까? 주님께서는 스물일곱 번이나 전쟁을 겪게 되는 성읍에서 어떻게 '화평'을 만들어

내실 겁니까?"

"자, 내가 너를 그 문서 작성기 앞에 앉히기 전에 다윗이 기록한 시편 76:3으로 돌아가서 그 내용을 한번 읽어 보는 게 어떻겠니?"

"이미 봤습니다. 그런데 그 내용을 믿기가 아주 힘들었습니다. '아마도 이 구절은 비유적이고 영적으로 해석되겠구나' 하고 생각했습니다. 아시겠지만, 알렉산드리아 방식으로 말입니다."

"그래, 많은 사람들이 그 '방식' 때문에 어려움을 겪고 있겠지." 전능하신 분께서 한숨을 쉬시며 말씀하셨다.

"주님, 뉴욕에 있는 UN 빌딩은 어떻게 하실 겁니까? UN이 '땅 위에 화평'을 가져오지 못하면 누가 하는 거죠? 1950년 이래로 UN을 위해 네 명의 교황이 기도를 해 왔지 않습니까. '주여, 저를 평화의 도구로 써 주소서,' '화평케 하는 자는 복이 있도다,' '화평의 입맞춤'과 같은 표어와 그런 종교적인 도구들을 이용해서 말입니다."

"정확히 말하면, 그런 방법을 통해 1946년 이래로 전쟁을 88번이나 주도한 거지. 학개야, 너라면 그런 것을 진정한 '기도 응답'이라고 할 수 있겠느냐? 그것이 하박국이 응답받기를 바랐던 그런 기도(합 3:2)의 응답과 같다고 할 수 있겠느냐? 이제 알겠느냐? 포도주에 중독되어 성경을 변개시키는 정치꾼들 가운데 그 누구라도 그들이 즐겨 내세우는 "마리아"의 이름으로 주문 같은 기도를 내 앞에 대충 늘어놓기 시작하면, 나는 그들을 또 하나의 대량 학살의 주범들로 세울 것이다. 제멋대로 하게 내버려 둬라."

"그런데 하나님께서 저 바티칸과 EU, UN, '그대에게 평화가 있으리.'를 외치는 인본주의자들을 제쳐 놓으신다면, '땅 위에 화평'을 이루는 모든 일들은 어떻게 실현되는 겁니까?"

"그건 간단한 문제지. 내가 돌아올 때까지는, 몇 년마다 수백만 명씩 죽이는 것이 '땅 위에서 화평'을 이루는 가장 좋은 방법이란다. 무슨 말인지 알겠느냐? '팍스 로마나,' 곧 '로마식 평화'를 기억하느냐? 나는 그들에게 수십만 명의 '평화 유지군'을 제공할 것이다. 그러면 그들은 '평화 유지'를 반대하는 사람들을 죽일 수 있게 되지. 인간이 만들어 낼 수 있는 최상의 '평화 유지자들'이라는 것은, 무장한 전문 살인자들, 즉 군대를 말하는 거야. 그들은 항상 그래왔지(창 14장). 내 아들이 넘겨받는 그 날이 올 때까지는, 그렇게 하는 편이 더 나을 거다."

"하지만 주님! 그건 독일이 했던 방식이지 않습니까! '아돌프 히틀러'식 말입니다!"

"그래, 그게 어떻다는 거냐? 독일 격언에는 '비가 오면, 전쟁은 강당에서 열릴 것이다.'라는 말이 있지. 어쨌든 중요한 것은 '올바른' 독재자가 과연 제자리에 있느냐의 문제다. 나는 이미 나의 독재자를 선정해 두었어. 결국 그가 '전권'을 장악하게 될 것이다. 그 독재자는 바로 나의 아들이다"(마 25:41, 시 2:9).

"그렇다면, 주님!"

"이제, 그만! 나는 그 땅에 군사 독재를 수립할 거다(시 2:9;

110:1-5, 슥 14:11-19, 계 2:26,27, 시 18,21,29,46,48편). 오직 하나의 독재 체제를 수립할 거야. 바로 예루살렘에 말이다."

이에 학개는 "더 이상 토를 달지" 않았고, 자기가 기록했던 그 본문을 "있는 그대로" 남겨 두었다. 그렇게 해서 그 본문은 그때 기록된 그대로 2,500년 동안 존재해 왔다.

예루살렘의 첫 번째 왕(창 14:18)은 『**의의 왕**』(히 7:2)이셨고, 마지막 왕은 『**만왕의 왕, 또 만주의 주**』(계 19:16)가 되셔야만 한다. 왜냐하면 그분은 『**위대한 왕의 도성**』(마 5:35)에 거하셔야 되기 때문이다. 물론 그것은 예수 그리스도와 가브리엘(마 25:31, 눅 1:30-33)이 역사상 가장 뛰어난 두 거짓말쟁이가 아니었다면 그렇다는 얘기다!

자, 당신은 어디에 걸겠는가! 과연 2,300만의 1의 가능성에 걸 수 있는 믿음이 있는가?

『**그 천사가 그녀에게 말하기를 "마리아야, 두려워 말라. 이는 네가 하나님의 은총을 받았음이니라. 보라, 네가 너의 태 안에 임신하여 한 아들을 낳으리니 그의 이름을 예수라 하라. 그는 위대하게 될 것이며, 가장 높으신 분의 아들이라 불릴 것이요, 또 주 하나님께서 그에게 그의 조상 다윗의 보좌를 주실 것이며 그는 야곱의 집안을 영원히 통치할 것이요 그의 왕국은 무궁하리라."고 하니라**』(눅 1:30-33).

『예수께서 그들에게 말씀하시기를, "진실로 내가 너희에게 말하노니, 나를 따르는 너희들은 인자가 자기 영광의 보좌에 앉을 새 세대에, 너희도 열두 보좌에 앉아 이스라엘 열두 지파를 심판하리라』(마 19:28).

『인자가 그의 영광 중에 오고, 또 모든 거룩한 천사들이 그와 함께 오면 그때에 그가 그의 영광의 보좌에 앉으리니 그 앞에 모든 민족들을 모아 놓고 마치 목자가 양들을 염소들에서 갈라놓듯이 그들을 따로 갈라놓으리라. 그리하여 양들은 그의 오른편에, 염소들은 그의 왼편에 세워 두고 왕이 그의 오른편에 있는 사람들에게 말하기를 '오라, 내 아버지의 복을 받은 자들아, 세상의 기초가 놓인 이래로 너희를 위하여 준비한 그 왕국을 이어받으라』(마 25:31-34).

『그때에 왕이 왼편에 있는 자들에게도 말하기를 '너희 저주받은 자들아, 내게서 떠나 마귀와 그의 천사들을 위하여 준비한 영원한 불 속으로 들어가라』(마 25:41).

『**주**께서는 온 땅을 치리할 왕이 되시리니, 그 날에는 한 분 **주**께서 계실 것이며, 그의 이름 하나만 있으리라』(슥 14:9).

만약 당신이 마태와 누가에 의해 기록된 대로 예수 그리스도와 가브리엘에게 건다면, 2,300만 권의 책들이 말해 줄 수 없는, 곧 오직 한 권의 책만이 말해 줄 수 있는 그 기회를 얻게 된다. 그러나 2,300만 권의 책들에다 건다면(이 책들에는 아인슈타인, 호킹, 플랑크, 프로이트, 마르크스, 바르트, 브루너, 틸리히, 아리스토텔레스, 아퀴나스, 플라토, 성 프란시스, 소크라테스, 헤겔, 스피노자, 키에르케고르, 프랑클, 융, 파블로프, 마호메트, 유대교 랍비들, 오웰, 웰스, 칸트, 리키, 듀이, 러셀, 제임스, 로크, J.P. 랑게, 더멜로우, 메튜 헨리, 스펄전, 헤밍웨이, 셰익스피어, 롱펠로우, 에머슨, 디킨스, 새커리, 흄, 홉스, 산타야나 등의 작품들이 포함되어 있다), 그것은 그 한 권의 책이 문서로 기록된 역사를 다룸과 동시에 수학적인 증거까지 담고 있다는 사실과 나머지 2,300만 권의 모든 저자는 길거리의 십대 마약중독자만큼이나 미래의 역사에 대한 이해가 전혀 없었다는 사실을 무시한 채, 그 한 권의 책이 거짓이라는 데에 걸었다는 것을 의미하게 된다.

UN이 무엇을 생각하고, 계획하고, 연구하고, 토론하고, 행하든, 예루살렘은 "화평의 도성"이어야만 한다. 왜냐하면 하늘의 어떤 영적인 존재에 의해 예언된 어떤 화평이라도 올바른 왕께서 올바른 보좌에 앉으실 때까지는 이 땅에 임하지 않을 것이기 때문이다(삼하 23:3,4). 여기에서 "올바른"이라는 말은 오직 한 분만이 어떤 왕이 "올바른" 왕인지 결정하실 수 있다는 의미이다. 그분은 바로 이 행성을 만드신(사 40-46장) 왕이시다(단 4:37). 올바른 왕께서는 올바른 땅에 있는 올바른 도성의 올바른 보좌에 앉으실 것이다. 그렇지 않으면 지금이든 나중이든 『**땅 위에는 화평**』이 없을 것이다. 적어도 이러한 내용은 성경을 거절하는 어리석은 자들의 왕으로서 스스로 왕관을 쓴 교황들이 등장하기 1,000년도 더 전에, 24번도 더 넘게 성경에 기록되어 있다.

『**만왕의 왕**』께서는 모든 불교도, 물활론자, 남색자, 카톨릭교도, 힌두교도, 무신론자, 인본주의자, 불가지론자, 성도착자, "구대륙인," 모슬렘, 진화론자, 지구시민, 유대인, 범죄자, 은행가, 의사, 법률가, 지상의 모든 왕을 영원히 바보로 만드실 수 있다.

『**그러므로, 오 너희 왕들아, 이제 현명해지라. 너희 땅의 재판관들아, 교훈을 받을지어다. 두려움으로 주를 섬기고 떨림으로 즐거워하라. 그 아들에게 입맞추라. 그렇지 않으면 그가 노하실 것이요, 그가 조금만 격분하셔도 너희가 그 길에서 망하리라. 그를 신뢰하는 모든 사람은 복이 있도다**』(시 2:10-12).

『**주가 말하노라. 그러므로 너희는 내가 일어나서 먹이로 삼는 날까지 나를 기다리라. 이는 내 결심이 민족들을 모으는 것임이니 내가 왕국들을 모아서 그들 위에 내 분노, 곧 나의 모든 격노를 쏟으리라. 이는 온 땅이 내 질투의 불로 삼켜질 것임이라**』(습 3:8).

"포도원의 소유주"께서는(열왕기상 21장의 나봇과 마태복음 21장의 예수 그리스도를 참조할 것) 그분께 속한 것을 소유하기 위해 돌아오실 때, 2억 명이 넘는 "지구시민들"을 『**비참하게 죽일 것**』(마 22장, 욜 2장, 렘 25:33, 겔 32장, 계 9,14,19장)이다.

그것은 주께서 만드신 그분 소유의 땅이다. 주께서는 그 땅의 소유권을 이스라엘의 열두 지파에게 주셨다. 그래서 이스마엘과 에서 그리고 그들의 모든 후손들이 그 땅의 한 뼘이라도 소유하거나 점유하게 되는 것을 의도적으로 차단하셨다. 그분께서는 마호메트나 아라파트 혹은 팔레스타인인들 그 누구라도 그가 햇빛을 보기 2,000년도 더 전에 이것을 행하시고 기록하셨다.

그래서 그것이 바로 하나님의 책에서 문제가 되는 결정적인 요소이다. 왜냐하면 UN에 속한 어떤 국가도 성경의 기록을 역사를 통해 입증할 수 있는 절대적 진리로 받아들이지 못하기 때문이다. 성경에는 이미 일종의 "고정 관념"이 설정되어 있다. 성경은 대상을 선별한다. "인종적 선호"도 갖고 있다. 또한 서로 동등하다는 생각을 가진 사람들과 인종들에 반대한다. 대상을 선별할 뿐 아니라 "배타적"이다.

하나님의 역사책은, 계속 반복해서 아무런 변론이나 설명 없이, 죄인들은 하나님의 적이고(약 4:4) 그분을 대적하는 전쟁에 참가하고 있기 때문에(시 2장, 계 19장), 그들을 구원하시든지(롬 5장) 아니면 그들에게 선전포고를 하시어(삼하 22장, 사 63장, 욜 2장, 판 5장, 계 19장) 무장한 특공대 같은 군대로 반격하시든지(판 5:4,

18-20,22, 렘 25,50장, 겔 21장, 욜 2장, 계 19장), 그 고유 권한은 주님께 있다는 사실을 선언하고 있다.

지극히 영적이고, "경건한 체하는" 종교인들이여, "교회에서 높임을 받는" 독실한 척하는 연약한 남자들이여, 그런 특권이 하나님께만 있다는 생각을 하지 못하는가? 주의해서 보라. "직접 보면 안 믿을 수 없을 것이다!"

자, 바로 그 역사책을 다루는 데 있어서 교육받았다고 하는 그리스도인들이 역사적인 관점에서 얼마나 어처구니없는 자들이었는지 보라. 250년(1611-1860) 동안이나 "산상설교"와 고린도전서 13장과 요한일서 3,4장에 관한 설교를 들었음에도, 1862년 뉴잉글랜드 출신의 성경을 거절한 어느 타락한 "그리스도인" 여성(여류시인 줄리아 워드 하우)은 남북전쟁 중인 미국의 그리스도인들에게 "진노의 포도즙틀을 밟는 것"과 남부사람들을 죽이는 것을 동등하게 여기는 노래를 만들어 주었다. 이 불쌍하고, 늙고, 마귀 들린 "그리스도인"에 따르면, 그녀와 정치적 견해가 다른 사람들을 죽이는 것에 관한 노래를 하나님께서 들으신다는 말이 된다.

하지만 그녀는 그토록 "친절"하고 "다정다감"한 그리스도인으로서 말했던 그 "믿음의 고백"에 관해 도무지 부끄러워해 본 적이 없다. 그래서 그녀는 하나님을 다른 그리스도인들을 죽이라고 명령하시는 군대 사령관으로 찬양하는 찬송가를 작사한 것이다. 혹자들이 그러는 것처럼 그녀 역시 "북부의 연합군"만큼이나 남부의 연합군 내에도 구원받은 젊은이들이 있었다는 사실을 잊었던 것이다. 더욱이 늙은 "정직한 에이브"(에이브러햄 링컨)도 전적으로 그녀를 후원하였고, 1880년에서 1980년 사이에 교회를 다녔던 5백만 명 이상의 그리스도인들이 "그리스도인"의 찬송가책에 있는 그녀의 노래를 부름으로써 링컨과 똑같이 그녀를 지지했다.

> 나의 눈이 영광스런 주님의 오심을 보노라.
> 주께서는 진노의 포도즙틀을 밟으시고,
> 주님의 섬뜩한 날쌘 칼로 치명적인 번개를 발하시니,
> 주의 진리가 계속 행진하도다.

이 노래에 나오는 단어들은 신명기 32:32,33, 시편 68:23, 이사야 63:1-6, 요한계시록 14:19,20의 말씀에서 빼돌린 것들이다. 이 성경 구절들은 미국 남북전쟁(1861-1865)이나 제2차 세계대전(1939-1945) 동안에는 발생하지 않았던 한 역사적 사건에 관한 세 가지 역사적인 내용들이다.

그녀는 앉아 있을 때도 거짓말하고, 작사할 때에도 거짓말하며, 아침에 일어나서도 거짓말을 했다. 물론 그녀가 작사한 내용은, 에스겔 21장 및 예레미야 46,50장에서 훔쳐 온 "섬뜩한 날쌘 칼"을 포함하여 미래에 일어날 사건이다. 내가 하는 말을 믿으라는 것이 아니다. 직접 성경의 본문 내용을 찾아보라. 그녀는 마귀에게 사로잡

혀 성경을 변개시킨 가장 위대한 거짓말쟁이다. 그녀는 자신이 예레미야, 에스겔, 이사야, 다윗, 요한이 예언한 것들을 보았다고 말했다.

심지어 그녀가 보았다고 말한 이상의 다섯 가지 내용들을 "역사"라고 말했으면서, 그것들을 "영적인 적용"이 용이한 "종교적인" 배경 속으로 쑤셔 넣어 버렸다. 참으로 알렉산드리아 대학(오리겐, 플라토, 클레멘트, 판테누스)이 미치는 영향력이란 질기고도 엄청난 것이다. 그러나 역사는 그녀가 변개시킨 구절들이 종교 서적이 아닌 역사책 속에 있었다는 사실을 간단히 증명할 것이다. 이는 그 책이 역사책이기 때문이다.

이 얼마나 무서운 책인가!

이 책 속에서, 우리는 미래 역사를 읽을 뿐만 아니라 하나님께서 어떤 분이신지를 발견할 수 있다. 창조와 역사에 있어서 하나님께서 무엇을 행하셨는지 알 수 있으며, 자신의 창조물들 및 피조물들과 함께 역사 속에서 무엇을 행하시고자 하는지도 알 수 있다. 또한 이 책은 죄인이 어떻게 하나님의 호의를 입을 수 있는지와 하나님을 기쁘시게 하는 방법은 무엇인지도 보여 준다. 결국 죄도 없고 죽음도 없는 몸(롬 8:29, 요일 3:1-3, 빌 3:20,21)을 입게 되는 진정한 "지상낙원"(천국, 낙원, 유토피아 등)으로 끝이 난다. 이보다 더 좋은 것이 있겠는가? 물론 없다.

반대로 죄인이 자기가 왜 여기에 있는지, 앞으로 무엇을 하게 되는지, 죽어서 어디로 가게 되는지를 모르고 살거나 또는 죽는다면,

그보다 더 나쁜 것이 있겠는가?

자신의 무지를 깨우치기 위해 이용 가능한 많은 자료들이 있었음에도, 무지 속에 살다가 죽은 다음 거룩하시고 죄 없으신 분께 심판을 받기 위해 깨어난 이후에야, 선행을 통해 죄들을 정당화시키면 거룩하신 분께 받아들여질 수 있다는 어리석은 "종교적" 신념 속에서 자신이 살아왔다는 사실을 깨닫는 것보다 더 비극적인 일이 있겠는가?

지상의 모든 "종교"는 죄인들로 하여금 자신의 신념을 붙잡게 하고 "어떤 분" 대신에 "어떤 것"을 믿도록 만들기 위해 고안되었다.

성경을 다시 읽어라. 반복해서 읽어라.

성경을 시험해 보아, 과연 당신에게 거짓말을 하고 있는지 확인하라.

다음은 사람들이 믿고 있는 대상들의 목록이다.

1. 자신의 업보(카르마)를 없애라.
2. 지혜(반야, 깨달음)에 이르라.
3. "그리스도께서 세우신 교회와 연합하라."
4. "성사들"을 행하라.
5. 선을 행하고, 기도하고, 구호품을 전달하라.
6. "황금률"을 지키라.
7. 자신의 죄들을 회개하라.
8. "한 분 하나님"의 존재를 믿으라.

9. 선을 행하고, "세상을 더 살기 좋은 곳으로 만들어라."
10. 묵주기도를 하고, "성모송"과 "주기도문"을 암송하라.
11. 라마단 금식, 초막절, 유월절을 지켜라.
12. 자신의 "동료"를 사랑하고, "억압된 소수"를 도우라.
13. "평화를 만드는 사람"이 되고, "가교 역할을 하라."
14. 모든 교황, 사제, 설교자, 수도승, 수녀, 종교지도자를 신뢰하라.
15. 십일조를 내고, 침례를 받으라.
16. 교회에 출석하라.

『그녀가 한 아들을 낳으리니 너는 그의 이름을 예수라 하라. 이는 그가 자기 백성을 그들의 죄들에서 구원할 것이기 때문이니라."고 하니라』(마 1:21).

『하나님의 아들을 믿는 자는 자기 안에 그 증거가 있고, 하나님을 믿지 아니하는 자는 하나님을 거짓말쟁이로 만드나니 이는 하나님께서 그 아들에 관하여 주신 증거를 믿지 아니하기 때문이라. 또 증거는 이것이니, 하나님께서 우리에게 영생을 주신 것과, 이 생명이 그의 아들 안에 있다는 것이라. 그 아들이 있는 자는 생명이 있고 하나님의 아들이 없는 자는 생명이 없느니라』(요일 5:10-12).

『그러나 누구든지 그를 영접한 사람들에게는 하나님의 아들들이 되는 권세를 주셨으니, 즉 그의 이름을 믿는 사람들에게니라』(요

1:12).

이상 제시한 16개의 항목들 중 어느 하나도 우리를 의롭게 만들어 주지 못한다. 죄들을 덮어 주거나 제거해 주지 못할 뿐 아니라 새로운 출생이나 영원한 생명을 제공해 주지도 못한다. 이 16개 항목들은 하나같이 어떤 체계나 믿음, 규정, 신조, 교회 또는 가르침이 아닌, 한 "사람"을 받아들여야 한다는 사실을 가리기 위해 위조된 대체품들이다.

우리에게는 구원이 한 "사람" 안에 있다는 사실을 말하고 있는 성경이 저격수가 탄환을 장전할 때마다 매번 사전에 "명령을 내릴" 수 있다는 매우 정확한 증거가 있다. 이 책이야말로 2,300만 권의 책들 중에서, 총이 "과녁의 중심"을 향하고 있지 않을 때조차, 각각의 탄환이 과녁에 "명중"할지 아닐지를 사전에 알려 줄 수 있는 유일한 책이다.

이것이 가능하도록 만들기 위해서, 이 책의 저자께서는 B.C. 4000년 이전에도 살아 계셨어야 했고 A.D. 3000년 이후에도 여전히 살아 계셔야만 한다. 또한 기록자들이 이 책을 기록하기 이전에 이미 이 책에 기록된 3,000개가 넘는 그 모든 역사적 사건들을 미리 보셨어야만 할 것이다.

이러한 서술은 성경의 기록자들(마태, 마가, 누가, 에스겔, 바울, 야고보, 베드로, 유다, 다윗, 이사야, 모세 등)을 포함하여 당신이 읽어 본 어떤 책의 저자에게도 적합하지 않다. 그것은 바로 이 책을 마지막 시기(A.D. 2000-3000)의 "한복판에" 놓고 있는데, 어떤 역사학자에게 아무런 설명도 없이 또 사람의 느낌이나 전통에 대해 최소한의 고려도 없이 그렇게 하고 있다. 즉 "이 세상을 살기에 더 좋은 세상으로 만드는 것"이라든지, "인류에 대한 비인간성을 종식시키는 것," "억압된 소수를 해방시키는 것," "하나님의 아버지 되심과 인류의 형제 됨" 등에 관하여 이야기하느라 가치 있는 시간들을 낭비하는 지상의 어떤 위선자에게도 단 한마디의 칭찬이나 "격려"를 해 주지 않는 것이다.

성경은 오늘날 메시아 없이 "왕국을 가져오려는" 인류의 어떤 노력에 대해서도 긍정적인 언급을 하지 않는다. 하나님께서는 평화를 유지하려는 어떤 단체나 활동, 국제 경찰 조직, 국제사법재판소, "세계 평화"를 위해 기도하는 어떤 개인에게 잠시 잠깐이라도 동의를 표하지 않으신다.

그에 대해 단 한마디의 긍정적인 언급도 하지 않으신다. 1,200쪽 분량의 책 속에서 단 한마디의 언급도 하지 않으시는 것이다. 1,800년의 기간 동안 3개 대륙에서 40명의 기록자가 기록했음에도 불구하고, 단 한마디의 언급도 없다. 정말 그렇다. "인간"에 대해 31,000번 이상 언급하는 66권의 책들 속에는 방송 매체가 권장하는 어떤 것이나 어떤 사람에 대해 단 한 번의 "격려"조차 없다. 이런 책은 2,300만 권 중에서 오직 한 권뿐이다.

그 책은 인간에게는 실로 견디기 어려운 책이다. 1920년대 구소련의 핀케비치 교수는 다음과 같이 말했다. "세상은 성경을 담고 있기에는 점점 좁아지고 있다. 세상이 사라져 버리든지, 성경이 사라져 버리든지 해야만 할 것이다." 그러나 이것이 전혀 문제가 되지 않았던 것은, 러시아 혁명이 있기 1,850년도 더 전에 그에 대한 답변이 이미 제시되어 있었기 때문이다. 『**하늘과 땅은 없어져도 내 말들은 결코 없어지지 아니하리라**』(마 24:35).

UN은 지금껏 기록된 역사에 관한 유일한 과학적 논문을 제거하기 위해 하나의 "헌장"을 지어내야 했다. 그 "헌장"은 성경에 기록된 500개의 구절에 반대하는 인간의 역사를 만들어 내기 위해 고안된 것이다. 가까운 시일 내에 그 구절들을 기록하신 저자께서는 UN의 이러한 터무니없는 행동들을 비웃으실 것이다(시 2편, 잠 1장). 왜냐하면 하나님께서는 앞으로 1,000년간 일어날 모든 사건들의 세부사항들을 모두 알고 계실 뿐만 아니라 그 이후의 일들까지도 알고 계시기 때문이다(계 21,22장). 주님께서는 UN의 계획이 아닌 그분의 청사진에 따라 역사를 이루어 나가실 것이다. 결코 그들은 하나님께서 "역사의 패러다임"을 바꾸시는 것을 지연시키지 못할 것이다. 왜냐하면 UN은 문자 그대로 『**헛것보다 못하**』기 때문이다(사 40:17). 『**하늘들에 앉으신 분이 웃으실 것이요, 주께서 그들을 조롱하시리로다**』(시 2:4).

제 5 장

10^{6000}분의 1의 확률

창조주께서 기록하신 바로 그 역사책이 확실히 타의 추종을 불허한다는 사실은 충분히 설명되었다. 이 역사책의 독특함은 어떤 식의 "고등 비평"에 의해서도 의문시되거나 시험받을 필요가 없다. 또 검증될 필요도, 증명되거나 반증될 필요도 없다. 독일의 합리주의자들이나 프랑스의 무신론자들, 영국의 이신론자들 또는 미국의 인본주의자들은 이러한 절대적인 "명품"과는 경쟁 상대조차 되지 않는다. 이런 인간들이 그들의 자료를 "모두 모아" 함께 작업한다 해도 말이다. 이런 네 부류의 인간들에게는 아무런 "승산"이 없다. 그들은 "진지"에 도달하기도 전에 이미 무장해제 되었다. 그들의 진지는 모세가 한 책(창세기)의 기록을 마쳤을 때, 이미 정리되었기 때문이다.

하나님께서는 그분의 피조물(행 17:24-29), 즉 그분의 자손의 역사를 기록하시기로 하셨다. 그 역사가 완성되었을 때, 이 책은 그 역사의 경쟁자, 즉 인간이 인간의 생각대로 쓴 인간의 역사 옆에 놓이게 되었다. 그렇게 해서 모든 인류는 하나님의 역사책에 걸든지, 아니면 인간의 책들에 걸든지, 선택해야 하는 것이다. 물론 인간의 책들에 걸 사람들은 또 한 번 2,300만 권 중에 하나를 선택할 수 있다. "누구에게나 선택의 자유는 있으니 마음대로 걸어 보라!"

성경은 역사를 뒤로 돌아보며 "미리" 기록한 책이다. 즉 하나님께서는 인간 역사의 시작보다는 끝에 역점을 두기로 하셨던 것이다. 이러한 사실로 인해, 아무리 역사학자들이 "역사는 여전히 기록되고 있다."고 말한다 할지라도, 그들에게는 빠져 나갈 수 있는 어떤 틈도, 출구도, 구멍도 없다. 하나님께서는 요한계시록 21,22장에서 "성경"의 기록을 마치셨을 때 기록된 역사를 마감하셨다. 그것 말고는 다른 "역사"가 일체 존재하지 않는다. 따라서 지극히 높으신 분께서는 역사를 기록하실 때, 인류 역사의 "종료 시점"에 "모든 관심"을 집중시키시고 역사가 진행된 이후에 하나님의 역사책을 기록하기 시작하셔야 했다는 사실을 의심할 바 없이 증명하신다! 이런 일이 가능하기 위해서는 하나님께서 영원에 거하셔야만 한다(사 57:15). 하나님께서 그분의 서기들(잇도, 하나니의 아들 예후, 다윗, 모세, 이사야, 실로인 아히야, 사무엘, 갓, 나단, 마태, 마가, 누가, 스마야, 요한 등)에게 주신 자료들은, 그 저자께서 『**의가 거하는**』 새 하늘들과 새 땅을 보신 이후에 그들에게 주신 것이다. 하나님께서는 또한 새 예루살렘의 거주자들과 함께 새 지옥(계 21:8)의 거주자들도 이미 보셨다. 그 새 지옥은 『**불못**』(계 20:15)으로 불린다.

모세오경(B.C. 1500)에서 한 가지 좋은 사례로, 이스라엘 민족이 다시 모이는 것(A.D. 1917-1948)과 예수 그리스도를 거절(신 21,32장)한 후에 그 민족이 다시 회복되는 것에 관하여 모세가 기록한 내용을 들 수 있다. 모세 입장에서는 3,500년을 "미리 내다본 것"이다. 이것도 일종의 "예견"이다.

하나님께서 모든 역사가들을 속이신 또 하나의 농담은 이들이 인간을 두려워한다는 사실을 이용하신 것이다(잠 29:25, 요 12:42,43). 하나님께서는 고등 교육을 받은 "지성인들"에 관하여 모든 것을 아신다(잠 18:1,2, 사 28,29장, 눅 10장, 고전 1-3장). 그들은 하나님이나 죽음보다도 조롱당하는 것을 더 두려워한다. 그 지성인들 모두가 구원받지 못한 죄인들을 위한 인본주의적 역사를 기록함으로써 죄인들이 자신의 죄들 속에서 편안함을 느끼도록 해주고, 그들 모두가 하나님의 관점에서 "소중한" 사람인 것처럼 확신을 심어 준다는 사실도 하나님께서는 알고 계신다. 그들은 인류를 하나로 묶고, 모든 인종적 "비방"을 피하며, 모든 사람을 다른 모든 사람들과 동등하게 여기려 한다. 또한 사람들의 죄들을 교육의 결핍과 과학적 접근의 부족 탓으로 돌리고, 에볼라 바이러스나 에이즈를 피하는 것처럼 누군가를 "판단"하는 것도 회피하려 하고 있다.

한마디로 지성인들은 하나님의 이름이 거론되자마자 재빨리 하나님으로부터 떠나 거짓말쟁이가 되는 것이다. 그들 중 단 한 명도 어떤 책이 다른 책들보다 우월한지, 어떤 민족이 다른 민족들보다 우월한지, 어떤 사람(딤전 2:5, 행 4:12)이 다른 사람들보다 우월한지를 가르쳐 주려 하지 않는다. 만약 지성인들 중 누군가가 그러한 것을 가르쳐 준다면, 나머지 교육받은 지성인들은 모두 그의 "관대함"의 결핍과 "객관성"의 부족에 대해 "비웃으며" 지나갈 것이다. 그의 동료들과 스승들은 그를 "광신도"나 옹졸하고 "편협한 사람"이라고 조롱할 것이다. 신경이 과민한 이 지성인들에게는 이러한 조롱이 죽음보다 더 싫은 형벌이다.

그러므로 앞에서 말한 바와 같이 "인정받은" 역사가들은 모두, 그야말로 모두, 하나님의 역사책을 종교 서적들이 꽂혀 있는 책꽂이에 함께 꽂아 놓는다. 그런 후에, 하나님의 역사책이 다른 어떤 책도 흉내낼 수 없는 수학적인 기적을 보여 준다는 과학적 사실을 완전히 무시하고, 그들의 "역사책"을 새로 쓰기 시작하는 것이다. 리드패스, 호머, 기번, 샤프, 밴 위크, 더랜트, 호이징가, 톨란드, 불워, 램, 이븐 할둔, 소데르블롬, 스펭글러, 프레스콧, 유세비우스, 페트라르카, 플루타르크, 요세푸스, 스트라본, 알퀸, 매콜리, 솔제니친, 프롬, 투키디데스, 타키투스, 웰스, 카토 등이 바로 그런 자들이다.

수학적 기적은 위에 언급한 자들이 쓴 책들 속에서는 나올 수가 없다.

성경만이 미래 역사에 관하여 어떤 인간 역사가도 시도할 수 없었던 "확률"을 제공할 수 있다. 이는 딘 딕슨이나 마더 시프턴이나 노스트라다무스조차 시도할 수 없었던 것이다. 이런 확률은 그 어떤 컴퓨터라 해도 시도조차 할 수 없다.

예를 들어 『**영광의 주**』께서는 어떤 사람이 태어나기 훨씬 전에 그 사람에 대하여 48가지 세부사항을 그분의 역사책에서 예언해 놓으셨는데, 그 사람에 대해 예언된 세부사항 중 가장 나중에 예언된 것은 그 일이 일어난 시점보다 400년도 더 이전에 예언된 것이다. 게다가 그 48가지 예언이 성취되는 것을 본 500명이 넘는 목격자들이 있었다.

그러한 일이 이 지구상의 어떤 대륙에서, 어떤 시각, 어떤 장소, 또 어떤 상황 하에서 일어날지를 정확하게 맞출 수 있는 확률은 약 10^{147}분의 1 정도가 된다. 이러한 계산의 배후에 있는 통계적 확률은 천문학적인 확률인데, 왜냐하면 1에 "0"이 147개 붙은 수라는 것은 현재 우리가 살고 있는 우주만한 우주가 네 개가 있다고 가정할 경우 그 안에 존재하는 모든 전자의 수보다도 큰 것이기 때문이다.

어떤 과학자, 천문학자, 물리학자, UN의 사찰단, 우주 시대의 우주인, 수학자라 해도 이러한 확률에 대해 언급조차 할 수 없다. 이러한 확률은 그야말로 "독특한" 것이다. 어떤 인간도 이러한 예언의 성취를 흉내낼 수 없다.

이제 주께서는 곧 미래에 일어날 일들의 확률에 주목하신다! 10^{147}분의 1 정도의 작고 특이한 일에 만족하지 않으시고, 그분의 서기들

(특히, 이사야, 예레미야, 에스겔, 스파냐, 미카, 학개, 나훔, 다니엘, 호세아, 스카랴, 엘리후, 말라키)에게 미래에 일어날 사건들에 대한 500가지가 넘는 예언들을 기록하게 하심으로써 인간의 분별력이 가진 한계를 초월해 버리셨다. 그 중 450가지가 미래에 있을 일들이다!

이 모든 예언들이 B.C. 400년보다 이전에 기록되었다. “자, 당신이라면 어디에 걸겠는가?” 나는 이미 어디에 걸지 결정했다.

게다가 하나님께서는 불쌍하고, 언짢아하고, 타락하고, 사람을 두려워하는 이 “뻣뻣한 학자들,” 곧 25년간 교육받았다고 하는 IQ 150 이상의 역사가들의 드러난 상처에 식초와 소금을 뿌리시기 위해, 그분의 역사책에 감히 덤벼 보려는, 인간의 “역사”를 기록한 그들 모두를 공개적으로 조롱하셨다. 인간의 창조주께서는 역사가들 면전에서 그들을 향해 다음과 같이 빈정대신다.

『**누가 그 일을 행하였으며, 태초부터 세대들을 불렀겠느냐? 나 주, 곧 처음이요 또 나중에도 함께할, 내가 그니라**』(사 41:4).

『**이스라엘의 왕인 주, 곧 만군의 주인 그의 구속주가 이같이 말하노라. 나는 처음이요 나는 마지막이라. 나 외에 다른 하나님이 없느니라. 내가 옛 백성을 정한 이래로 나처럼 부르며 선포하고 나를 위해 정렬시킬 자가 누구랴? 이루어지고 있는 일들과 이루어질 일들, 그것들로 그들에게 보이게 할지니라**』(사 44:6,7).

『너희 가운데 어떤 이방 신도 없었을 때, 내가 선언하였고 구원하였으며, 또 내가 보여 주었도다. 그러므로 너희는 나의 증인들이요, 나는 하나님이라, **주**가 말하노라. 정녕, 날이 있기 이전부터 나는 그니 내 손에서 구해 낼 자가 없도다. 내가 실행하리니, 누가 그것을 저지하리요?』(사 43:12,13)

『**주**, 곧 네 구속주요, 태로부터 너를 조성한 분이 이같이 말하노라. 나는 만물들을 지은 **주**라. 홀로 하늘들을 펼쳤으며 나 홀로 땅을 폈고 거짓말쟁이들의 표식들을 폐하며 점치는 자들을 미치게 하고, 현자들을 되돌려 놓으며 그들의 지식을 어리석게 만들고』(사 44:24,25).

『이스라엘의 거룩한 분이며, 그를 지으신 분, 곧 **주**가 이같이 말하노라. 내 아들들에 관하여 다가올 일들을 내게 묻고, 내 손으로 할 일에 관하여 너희는 내게 명하라. 내가 땅을 만들었고, 그 위에 사람을 창조하였느니라. 내가 내 손으로 하늘들을 펼쳤으며, 내가 그 모든 군상들에게도 명하였도다... 너희는 고하여 그들을 가까이 데려오라. 그들로 서로 상의하게 하라. 옛날부터 이것을 선포한 자가 누구냐? 그때부터 그것을 말한 자가 누구냐? 나 **주**가 아니냐? 나 외에 다른 하나님이 없나니 공의로운 하나님 곧 구주가 나 외에는 없느니라』(사 45:11,12,21).

『내가 처음부터 이전 일들을 선포하였고 그 일들이 내 입에서 나갔으며, 내가 그 일들을 보여 주었고 갑자기 행하여 그 일들을 이루었느니라... 나는 처음부터 그 일을 네게 선포하였으니 그 일이 일어나기 전에 내가 그것을 네게 보여 주었느니라. 그렇지 않았다면 네가 말하기를 “나의 우상이 그 일들을 행했으며, 나의 새긴 형상과 주조한 형상이 그들에게 명하였다.” 하였으리라. 네가 들었으니 이 모든 일을 보라. 그런데도 너희가 그것을 선포하지 않겠느냐? 내가 이제부터 새 일들, 즉 네가 알지 못했던 감추어진 일들을 네게 보이노라. 그것들은 처음부터 있지 아니하고 이제 창조된 것이니 즉 그 날 이전에는 네가 그것들을 듣지 못하였던 것이라. 그렇지 않았다면 너는 “보라, 내가 그 일들을 알았노라.”고 말하였으리라. 정녕, 너는 듣지도 못하였고, 정녕 네가 알지도 못하였으며, 정녕 그 때로부터 네 귀는 열리지도 못하였나니 이는 네가 심히 패역하여 모태에서부터 행악자라 불린 줄을 내가 알았음이라』(사 48:3,5-8).

『**주**가 말하노니 너희는 송사를 일으키라. 야곱의 왕이 말하노니 너희의 강력한 주장을 내어 놓으라. 그들로 주장들을 내어 놓고 무슨 일이 일어날지를 우리에게 보이게 하라. 그들로 이전 일들을 보이게 하여, 그것들이 무엇이든지 간에, 우리로 그 일들을 숙고하고 그 일들의 나중 결말도 알게 하라. 아니면 앞으로 있을 일들을 우리에게 선포할지니라. 이후에 있을 일들을 보여 주어 우리로 너희가

신들인 것을 알게 하라. 정녕, 선을 행하거나 악을 행하라. 우리가 놀라며 그것을 함께 보리라. 보라, 너희는 아무것도 아니며 너희의 일은 헛것이라. 너희를 택한 자는 가증함이라』(사 41:21-24).

이 구절들을 기록하기 위해 펜을 잡았던 서기는 이사야였다.

아무도 이사야와 겨룰 사람이 없다. 이 글을 쓴 후로 2,800년 동안 아무도 없었다. 어떤 천재나, 대학교수나, 노벨상 수상자나, 퓰리처상 수상자도 이사야와 겨뤄 보려고 감히 시도조차 해 보지 못했다. 그들은 이사야와 겨룰 수 없다. 그들은 한 마리 백상어를 공격하는 피라미 떼만큼이나 이사야와는 차원이 다른 부류이다.

한 분(롬 1:1-4) 외에는, 살아 있든 죽었든 역사가 시작하는 것과 끝나는 것을 본 사람이 아무도 없기 때문에 그 누구도 이사야와 "겨룰" 수 없을 것이다. 역사의 시작과 끝을 보신 분은 오직 하나님 한 분뿐이시다. 그래서 하나님께서는 하나님의 말씀들을 역사로 받아들이기를 거절하는 지성인들을 "심하게 꾸짖고" 비웃으시는 것이다. 미래에 일어날 역사적 사건들에 대해 2,000년도 더 전에 기록된 500가지 예언이 역사 속에서 문자적으로 성취될 확률은 약 10^{6000}분의 1보다 작다. 이것은 1에 "0"이 6,000개나 붙은 수로서, 현재 우리가 살고 있는 우주만한 우주가 열 개가 있다고 가정했을 때, 그 안에 존재하는 모든 원자나 전자의 수보다 큰 수이다.

그런데도 성경이 "여러 종교의 신성한 문서들 중의 하나"에 불과하단 말인가? 이러한 표현은 "UN이 즐겨 쓰는 상투적인 문구들" 중의 하나일 뿐이다.

당신은 "더 선명한 화질"을 얻기 위해 TV 안테나를 세탁기 위에 올려놓는가? 아버지께서 당신 안에 어떤 "변화"가 일어나는 것을 보시고 싶다고 해서, 동전 몇 개를 삼키겠는가? 또한 자신의 잠자는 모습을 보고 싶다고 거울 앞에 가서 눈을 감겠는가?

UN의 상투적인 문구들을 믿을 정도로 엄청나게 멍청한 한 의사가 박사학위를 받은 적이 있었다. 사실 의학박사에 해당하는 영어 "M.D."는 "Mentally Deficient"("정신적으로 모자란")의 약어로 바꾸어 설명할 수도 있다. 그 사람이 "물에 익사하지 않고 간신히 생명을 부지할 수 있는" 유일한 이유는 나무도 물 위에 뜬다는 단순한 이유 때문이다. 그 박사 양반은 자기 집에 들어오는 도둑을 "오싹해지도록" 만든답시고 금고 앞에다 얼음 덩어리를 놓아 둘 만큼 멍청했다.

"여러 종교의 신성한 문서들이라고?"

경건한 듯 진부한 이야기를 지껄이는 것 말고는 한 일이 아무것도 없는 자들이 적어 놓은 글들이 뭐가 신성하다는 것인가? 지극히 가벼운 추측과 철학적인 난해한 말들로 책을 가득 채우고 자기가 좋아하는 것들에 대해서는 비합리적인 숭배를 드러내면서도 자기가 좋아하지 않는 사람들은 저주하고, 또 자기 최면 속을 "여행"하던 중 무언가 깨달은 것처럼 가장하는 그런 자들의 글들이 신성하다는 말인가? 결국 그런 자들이 깨닫는 것은, 자기에게 남아 있는 것이라고는 자신과 똑같이 눈멀고 잘 속는 자들이 자기를 묻어 줄 흙구덩이 밖에 없다는 사실이다. “신성”하다고? 이 말은 그런 자들에게 어울리는 말이 아니다. 그런 자들에게 어울리는 말은 “횡설수설”이다. 정말로 “신성한 횡설수설”인 것이다.

현대의 “종교들”은 일종의 정신병적인 대재앙이다.

결국 지금까지 살았던 모든 역사가들을 의도적으로 모욕하신 후에, 만군의 주께서는 인간들이 만든 “신성한 소들”에 대해 “관여하기로” 결정하셨다. 그러면서도 자신을 더 멀리 두시기 위하여, 그분의 역사책을 쓰시고는, 그 책을 전적으로 부정적인 역할을 담당하는 “만물의 척도”로 제시하신 것이다(롬 3:9-20). 성경은 하나님의 『**자손**』(행 17:26-28)을 엄청난 실패작으로 제시하고 있으며, 오직 하나님께서 관여하실 때에만 구제될 수 있는 존재로 나타내고 있다.

이 “베스트셀러”는 “불굴의 정신으로” 큰 승리를 거둔 “인류의 위대한 정신”을 역겨운 실패로 제시했다. 성경에서 “인간”이란 엔트로피의 법칙, 분열, 무작위, 사악함, 쇠퇴, 죽음의 본성에 묶여 끊임없이 반복적으로 타락하고 부패하는 배교자로 묘사된다(롬 1-3장, 고전 6장, 갈 5장). 최상의 상태에 있을지라도 “현대인”은 허둥대고, 빛을 거절하며, 잘 속고, 결함투성이인데다 영적으로는 유산된 자이다. 또한 자기가 그렇지 않다고 주장한 속성은 모두 가지고 있고, 그러하다고 주장한 속성은 하나도 갖고 있지 못하다.

“인간”은 하나님께서 정하신 매 시험 기간마다 실패를 거듭해 왔다. 성경에 제시된 인간 붕괴의 법칙은 분명하고 확실하기 때문에 그 누구라도 이 사실을 모를 수 없다. 아담은 시험에 실패했고, 카인은 하나님의 보호 아래서 살인을 저질렀으며, 노아는 은혜 아래서 술에 취했고, 함은 방주를 통해 육체의 구원을 받았음에도 남성동성애라는 죄를 저질렀다. 아브라함은 하나님의 약속을 받고도 아내에 대하여 거짓말을 하였고, 르우벤은 하나님의 언약과 장자권을 소유하고도 아버지의 아내와 동침을 했다. 하나님께서 종살이로부터 해방시켜 주셨으나(출 12-15장), 유대인들은 우상 숭배로 돌아갔다(출 32장). 하나님께서 20년간의 전쟁에서 승리하게 해주셨으나(수 1-9장), 그들은 우상 숭배자들과 결혼하고 수간과 근친상간의 습성으로 돌아갔다(레 19-20장, 왕상 18장). 하나님께서 포로생활을 마치고 고향으로 되돌아오게 해주셨으나(에스라, 느헤미야), 그들은 이방인들과 다시 결합하였다. 『**그 때가**』 차고 그들의 『**죄악이 용서**』받게 되었을 때, 그들은 그들의 메시아를 죽였고 그분을 따르는 자들도 죽이려 했다(행 1-9장).

교회 시대는 이러한 상황이 더욱 악화된다. 완성된 구원과 영원한 생명의 확실성에도 불구하고, 교회는 교회에 위임된 사명을 수행하는 데 완전히 실패한다(딤후 3:1-3; 4:1-6, 딤전 4:1-5, 계 1-3장). 그래서 교회가 복음화해야 했던 세상이 사탄을 숭배하기 위해(살후 2장, 계 13장) 하나로 통합된 에큐메니칼 정부를 구성하게 된다. 사탄도 없고(계 20:1,2), 자연도 회복되었으며(롬 8장, 사 11장), 주위에 더러운 영들도 없는(슥 13:2) 상태의 마지막 시험에서조차도 인류는 예수 그리스도를 다시 살해하려고 하나님의 『**사랑하시는 도성**』(계 20:9)을 공격한다(시 110:2, 사 26:10, 계 20:1-9).

성경은 실패하는 인류의 7,000년 역사를 지켜보며 존재해 온 침묵의 목격자이다. 『**사람의 영**』은 아무것도 극복하지 못한다. 하나님께서 인간의 영을 자유롭게 해주실 때까지 인간의 영은 죄와 죽음에 굴복할 뿐이다(롬 7:24,25, 계 21:3,4, 고전 15:49-52).

성경은 "인간"을 "아무것도 아닌 것보다 못하게"(사 40:17) 제시하고 있으며, 예수 그리스도께서 거하시는 구원받은 죄인의 『**그릇**』(고후 4:7) 안이 아닌 "인간" 안에는(눅 11:13) 어떠한 소망도 없다(롬 7:18). 성경의 저자가 없으시다면, 모든 인간은 파산한 사업가이며, 소망도 없고 『**하나님도**』 없이 세상에 던져져 있는 상태인 것이다(엡 2:12). 인간은 『**허물과 죄들 가운데서**』 죽어 있는 패잔병이며, 도덕적으로 병든 문둥병자로서 그가 소망할 수 있는 최상의 것은 『**가장 낮은 지옥**』(신 32:22) 대신에 "일등급" 지옥에 가는 것이다. 어쩌면 그는 『**불못**』(계 20:15) 대신에 『**바깥 흑암**』(벧후 2:17, 유 1:13)을 소망할지도 모른다. "흙으로 만들어진" 첫째 "사람"(창 5:5, 고전 15:47)의 첫 번째 자연적인 죽음 이래로, 인간은 형편없는 실패작임이 증명되어 왔다.

"기록하라. 요한아, 기록하라!"(계 1:11,19)

"20세기와 21세기와 22세기를 위한 역사책을 기록하라!"(계 3-20장)

그래서 한 유대인 직업 어부가 펜을 들어 기록하기 시작한 것이다. 그는 NCCC(1960), 네 번의 세계대전(1914-3000), UN의 머리로서의 사탄, 재건된 성전에서의 실제적인 인간 희생제사(식인 행위가 동반될 것임), 유다 이스카리옷과 엘리야와 모세의 재림, 예수 그리스도의 재림, 예배에서의 약물 사용과 음행, 복사기, “팩스,” 식료품 잡화점의 바코드 사용, 사형제도에 참수형 도입, 바티칸시국과 로마 카톨릭 교회의 색깔들과 상징들, 광야에 만나가 다시 내림, 팔레스타인 유대인들이 “네게브”(셀라, 페트라)로 피난함, UN의 예루살렘 공격, 환경 재난으로 지표면의 3/4이 파괴되는 사건 등을 기록했다.

학교를 다니지 않은(행 4:13) 1세기의 유대인 어부치곤 꽤 괜찮지 않은가!

학교를 다닌 노스트라다무스와 오웰은 “이보다 좀 더 괜찮았어야” 했다!

사실 그들이 예언했다고 하는 자료는 모두 66권을 모아 묶은 한 권의 책에서 온 것이다. (이 중에서도 뽕나무 열매를 모으던 목동에 의해 기록된 아모스 4-9장을 읽어 보라!)

하나님께서는 이 책을 기록하실 때, 다음 두 가지를 염두에 두시고 기록하셨다. 첫째, 성경에서 지정한 마땅히 있어야 할 “그 자리에 있는” 독자에게는 영적인 조명과 깨달음과 진리를 주신다. 둘째, 성경이 누군가의 “믿음”에 필요한 또 하나의 “종교 서적”에 불과하다고 생각하는 독자에게는 그의 눈을 완전히 멀게 하고 파멸시키신다.

알다시피 성경은 양면성이 있다. 『**양날이 있는 칼**』(시 149:6, 히 4:12,13)이기 때문이다. "칼," 곧 "sword"에서 "s"를 빼면, "말씀"(WORD)이 된다. 성경에 대해서는 긍정적으로 생각하고 자기 자신에 대해서는 부정적으로 생각하는 죄인을 위해, 그 "말씀"은 그의 썩어 가는 팔다리를 절단하고 건강을 회복할 수 있게 해준다(요 9장, 살전 2:13, 시 107:20). 인간의 본성과 자기 "친구들"(즉 자기 자신!)에 대해서는 긍정적으로 생각하고 성경에 대해서는 부정적으로 생각하는 죄인에게, 마치 죽은 사슴의 쓸개를 잘라내는 것처럼 그 말씀은 그의 내장을 잘라낸다.

성경은 살아 있기에 공격적이다(요 6:63, 히 4:12,13, 렘 23:36). "신성한 경전"이라 불리는 다른 것들은 성경이 인류에게 행한 것과 같은 그런 일을 하지 못한다. 그 경전이라는 것들은 술집 패싸움에서 장난감 총을 꺼내든 것만큼이나 무익하고 쓸모없는 것들이다. 성경은 죄인들에게 "성경공포증"을 감염시키고 퍼뜨린다.

가르쳐 주는 사람이 없어도 거듭나지 못한 모든 죄인들은 이것을 본능적으로 알고 있다(요 3:19,20). 거듭나지 못한 죄인들은 성경을 매우 두려워하거나 단순히 성경을 공부하기 꺼려한다. 성경을 중요하지 않은 것으로 여겨 거절하기도 하고 또는 광적으로 증오하기도 한다. 성경을 대하는 데 있어서 완전히 중립적이거나 무관심한 사람은 성경대로 믿는 설교자나 교사에 의해 성경에 담긴 내용을 듣거나 배워 본 적이 없는 사람일 뿐이다.

성경을 거절하여 지옥으로 향하고 있는, 이상 다섯 부류의 죄인들은 CBS, NBC, ABC, CNN 등의 방송국과 유엔(UN), 유럽연합(EU)의 직원들, 미국교육협회(NEA)와 미국외교위원회(CFR), 미국연방비상관리국(FEMA), 미국주류담배총포담당국(BATF), 미국마약단속국(DEA), 미국환경보호청(EPA), 미국국세청(IRS), 미국연방수사국(FBI), 미국자유인권협회(ACLU), 3국위원회(Trilateral Commission), 빌더버거(Bilderbergers)의 직원들, 〈타임〉, 〈라이프〉, 〈뉴스위크〉, 〈US 뉴스 앤드 월드리포트〉, 미국의 500개 일간지, BBS, AP, INS, UP의 기자들이다.

이 다섯 부류의 죄인들이 서구 사회의 사고 과정을 크게 좌우하고 있다. 이상 열거된 모든 집단은 성경이 창세기에서 요한계시록까지 모두 거짓말 덩어리라고 생각한다. 그러면서도 그들은 그들 자신이 실제로 믿는 바를 은폐하기 위하여 모호한 “신화들”과 “전설들”을 사용한다.

만약 당신이 성경에 걸지 않는다면, 성경을 거절한 자들에게 거는 것이다.

당신이 무엇을 주장하든지, 성경 편에 서 있든 그 반대편에 서 있든, 둘 중 하나이다. 중립지대는 없다.

만일 반대편에 있다면, 그것이 당신의 이미지나 명성을 보장해 줄지 모르지만 당신을 불못 밖으로 끌어내 주지는 못할 것이다.

제 6 장

가장 몹쓸 죄인이 된 "성경의 기록자들"

알파와 오메가이신 분께서 그분 자신의 책을 완성하신 것은 A.D. 90년경이다. "A.D. 90년"은 종종 "C.E. 90년"이라고 잘못 언급된다. 성경을 거부하는 불신자들의 이런 사탄적인 표기 방식은 〈유대인 백과사전, Jewish Encyclopedia〉에서 차용되었다. 이런 짓은 예수 그리스도를 "주"로 언급하는 세계를 제거해 보려는 의도에서 나왔다. 그리스도를 거부하는 일반 세상 사람들은 "Anno Domini"(그리스도 기원, "우리 주님의 해") 대신에, 기독교 "학자 연합"의 정중한 제안에 따라, "The Common Era"(서력기원)"을 사용한다. 이로써 "현대인"에게는 하나님도, 그리스도도, 주도 없게 되었다.

1,2세기의 그리스도인들은 수년간 한 번에 하나씩 그것도 부분적

으로만 성경을 소유할 수밖에 없었음에도, 성경 읽는 것을 사랑했었다. 그리고 읽는 대로 성경의 모든 내용을 믿었다(행 24:14). 한 기록자(눅 24:25)가 성경의 그 모든 내용을 믿지 않는 사람들을 『**어리석은 자들**』이라고 하신 구주의 말씀을 기록해 두었기 때문에, 이들 그리스도인들은 성경의 모든 내용을 믿었던 것이다. 우리의 주께서는 욕을 하는 것에 관한 한 그분 자신의 가르침(마 5:22)에 대해 별로 신경 쓰지 않으셨다. 성경의 원저자께서는 "명예훼손"에 해당하는 "편파적인 발언"도 서슴지 않으셨다.

그게 전부가 아니다. 모세오경과 시편과 선지서들의 저자들이 『**하나님**』께서 『**하나님의 거룩한 사람들**』(벧후 1:21)을 통해 말씀하신 것을 실제로 기록한 것이라면, 오늘날 "하나님"께서는 체포되시어 재판을 받으셔야만 한다. 죄목은 편파적인 발언, 스토킹, 괴롭힘, 사생활 침해, 법률 위반 등이다. 게다가 반역(렘 38:1-6), 방화(렘 34:21,22, 왕하 25:9), 살인(렘 13:13,14), 명예훼손(롬 3:10,11; 4:5), 아동학대(잠 22:15; 23:13,14, 신 21:19-21), 남성우월주의(고전 11:3-9), 인류 혐오(사 66:22-24), 편파적 발언(마 23장, 렘 23장, 요 8장), 침략 전쟁(여호수아), 집단 학살(수 6:21; 11:14,20)이란 죄목으로 국제재판소에 회부되어 재판을 받고 실형선고를 받으셔야만 하는 것이다.

이렇게 성경의 부정적인 내용들에도 불구하고, "현대인들"이 계속해서 경건하고 존경받을 만한 사람처럼 행동할 수 있는 유일한 방법이 있다. 그것은 이런 성경 구절들이 품위가 있으시고 존경받으실 만한 “하나님”과 무관한 것처럼 생각해 버리는 것이다. 즉 성경에서 공격적이고 달갑지 않으며 혐오감을 주는 모든 내용들은, 엄밀히 말해서 당시의 “문화적인 상황”과 “사회적인 배경” 속에서 몇몇 기록자들이 지닌 개인적인 의견이었다고 치부하는 것이다. 이것이 바로 A.D. 1800년 이래로 “현대인들”이 성경 전체, 즉 구약과 신약에 대해 가지고 있는 생각이다.

이들이 목격자들에 의해 기록된 증거들의 대체품으로 원했던 것은 다름 아닌 “역사적인” 예수였다. 즉 성경에 기록된 “예수”는 누군가의 상상 속에서 만들어진 종교적인 허구였다는 것이다. 그래서 이들의 생각에 따르면, 역사적인 인물로서 진짜 역사 속에 살았던 예수는 동성애자이거나(국립예술기금에서 후원한 작품들을 보라) 간음자(니코스 카잔차키스의 〈그리스도 최후의 유혹, The Last Temptation〉을 보라), 마약중독자(국립예술기금의 후원 작품) 또는 적어도 사람들에게 이타적인 삶이 어떤 것인지 보여 주기 위해 죽은, 곧 그렇게 순교당한 선생이었어야 한다. 만일 예수님께서 죄가 없는 분이 아니셨다면, 또한 선한 행위들을 통해 하늘에 가려고 노력하는 종교적인 “박애주의자들”을 공격하는 말씀을 하지 않으셨다면, 정말이지 그분께서는 현대인들에게 무슨 대단한 존재로 추앙받으실 수도 있었을 것이다.

스트라우스, 세믈러, 그라프, 벨하우젠, 슈바이처, 슐라이어마허,

르낭에 의해 고안된 "역사적인 예수"는 타락한 인간의 상상 속에서 만들어진 허구적인 "얼간이"였다. 이와 같은 예수는 환각증상을 일으켜 신약성경을 난도질한 학자들의 타락한 상상 속에나 존재할 뿐이다. 그래서 그들은 성경을 고대 종교 신화, 전설, 관습, 비과학적인 상상으로 바꾸어야 했다. 성경이 수학적인 법칙에 따라 무오한 예언들(행 1:3)을 보여 준다는 과학적 사실이 "현대인들"에게는 그저 복음전도지에 불과했던 것이다. 이들은 200년 이상 자기 자신을 사랑하면서 "박애주의적인" 신화들과 다원주의적인 전통들로부터 우상들을 만들어 왔다. 그리고 B.C. 400년의 탈레스와 제논이 성경을 연구했다면 사용했을 법한 "과학적 방식"에도 미치지 못하는 방식으로 성경을 다루고 있다.

성경은 불쑥 등장하더니, 하나님께는 그분께서 친히 『**나의 백성**』이라고 부르셨던 『**택한 백성**』이 있다고 말씀한다. 그러나 여기에는 아프리카인이나 유럽인이 해당되지 않는다(창 10,11장 참조). 성경의 저자께서는 인종차별주의자이시다.

만약 이러한 사실이 입에 물기에 충분히 딱딱한 뼈가 아니었다면, 주님께서는 이것을 『**개들**』(마 15:27)에게 던져 주셨을 것이다. 그분께서는 함족에 속한 여섯 개의 민족들을 "금지"하셨는데(출 3:8,17), 이 족속들이 카나안인들과 아프리카인들을 낳은 한 사람으로부터 나왔다는 사실을 아셨기 때문이다(창 10:6).

그리고 인류를 세 개의 인종으로 나누신 후(『**그분께서 아담의 아**

들들을 분리시키셨을 때』 - 신 32:8), 이 중 코카서스인종(백인)은 물질적으로 뛰어날 것이고(창 9:27), 몽고인종(황인)은 영적으로 탁월할 것이며(창 9:26), 니그로인종(흑인)은 그 둘의 종이 될 것이라고 거침없이 선언하셨다(창 9:25). 이것은 "차별철폐조치"를 전혀 고려하지 않는 선언으로서, "흑인들"에 대한 인종차별을 의미한다.

하나님께서 이 사실을 기록하신 이후로, 미국 대법원(1964-1999)이 그분의 잔인한 민족차별주의를 어디에서 찾을 수 있는지 성경의 저자께 말할 수 있게 되었다는 사실에 대해 감사를 드리라! 왜냐하면 대법원 판사들 중 어느 누구도 미래의 역사에 관한 한 B.C. 1400년의 모세보다 더 많은 지식을 갖지 못했기 때문이다!

그러나 이토록 크고, 비열하며, 고약하고, 속 좁은 "편협한 신"의 잘못은 여기서 끝난 게 아니었다. 그분께서는 역사를 완성하시기 위해 한 태양계 안에서 하나의 행성을 선택하셨고, 그 가운데 수백 개의 민족들 중에서 하나의 민족의 움직임에 그 역사를 국한시키신 것이다. 그런 후에 누구라도 자기 죄들로부터 "구원받기" 위해서는, 즉 하나님과 함께하는 영원한 생명을 얻으려면(마 1:21) 그 민족, 곧 유대인(요 4:22)으로부터 구원을 얻어야만 한다고 선언하셨다.

인간들이여! 종교적으로 "편협한 신"에 관하여 말해 보라!

그러나 성경의 저자께서 기록하게 하신 대로 썼노라고 고백한 기록자들은 아직 끝난 게 아니라고 말했다. 즉 모욕에 모욕을 더하고, 신성모독에 신성모독을 더하며, 이단에 이단을 더하고, 분노에 불쾌

함을 더하는 가운데, 기록자들은 한걸음 더 나아가 하나님께서 유대인의 80% 이상(열두 지파 중 열한 지파)을 걷어차 버리시고 유대인과 이방인의 구주가 되시려고 한 지파에서 한 명의 유대인을 선택하실 것이라고 선언하기까지 했던 것이다(눅 2:10).

그뿐만이 아니다! 주께서는 의도적으로 그 민족뿐 아니라 모든 종족과 인종에 속한 여자들을 무시하셨다(딤전 2:15 참조). 왜냐하면 그 어떤 여성도 다른 누군가(남자든 여자든)의 "구주"가 될 자격이 없기 때문이다.

"편협한 신"께서는 "성차별주의자"이셨던 것이 분명하다. 그분께서는 "태양"을 "남성"으로(말 4:1,2, "his"), "달"을 "여성"(겔 32:7, "her")으로 부르셨다. 이것은 분명 성차별이다!

그런데 이 부분에 관한 하나님의 신학을 미국 대법원과 UN이 바로잡으려 했으니 실로 "감사한 일"(?) 아니겠는가! 도대체 이 무례하고 용감한 "신앙의 도전자들"이 없다면 우리가 어떻게 살아갈 수 있단 말인가?!

그러나 그 무엇도 성경을 기록하기 위해 "편협한 사람들"을 고용하신 "편협한 신"을 막을 수는 없다.

그분의 기록자들은 매우 사악한 방식과 언어를 계속해서 사용했다. 이 끔찍한 "반기독교적인" 글들은 계속해서 이어진다.

하나의 민족에서 한 사람을 선택한 후, 성경은 하나의 땅과 그 땅에 있는 하나의 산을 그 민족에게 주었다(시 146:10; 147:12, 사

52:7; 33:20; 31:5, 렘 50:5,28; 31:6; 44:26-28, 욜 3:16-21, 슥 1:14, 미 4:2,7, 시 128:5). 그러고 나서 종국에는 그 한 사람이 UN, EU, 중국, 일본, 터키, 인도네시아, 몽골, 모든 아메리카 지역과 해양의 모든 섬들을 통치하시는 왕이 되실 거라고 아주 엄중하게 거침없이 선언한다. 그 왕께서는 군사적인 독재자이시며, 이 "지구라는 행성"에 사는 모든 사람들의 절대적인 군주가 되실 것이다. 그분께서는 유다 지파 출신의 한 유대인이실 것이다(창 49:10, 눅 2:4).

인본주의, 법률, 정의, 평화, 번영과 질서에 관하여, 이보다 더 섬뜩하게 비웃고 있는 작품이 있겠는가!

성경이 이라크와 이란으로 진입하지 못하도록 막아라! 일본과 중국으로는 더 이상 들어가지 못하도록 하라! 어떻게 해서든지 인도와 방글라데시, 파키스탄, 아라비아에서도 성경을 걷어치우라! 전 세계의 기독교 서점들에서도 성경을 치워 버려라! 스페인, 이탈리아, 오스트리아의 카톨릭교도들이 성경을 읽지 못하게 하라! 영국에서도 성경이 출판되지 못하게 하라! 학교에서 성경을 치워 버려라. 강단에서도 성경을 제거하라. 신학대학에서는 성경을 바꿔라. 어서 서둘러라!

최대로 순수한 "인종차별주의자"가 되시기 위해서, 하나님께서는 그 민족이 그분의 약속을 믿지 않거나(시 105:7,12,25,29) 그분 대신에 우상들을 섬길 때(시 105:19,20,36,37), 그분의 영적인 인도를 거역하여 반역할 때(민 16장), 혹은 그분의 계명들에 복종하기를 거절할 때조차도(민 12:2, 출 16:28) 그 민족 안에 있는 『**패역**』이나

『**죄악**』은 보시지 않겠다고 선언하셨다(민 23:21).

하나님께서는 『**사람을 외모로 취하지**』 않으시기 때문에(행 10:34, 롬 2:11), 마호메트가 아닌 예수 그리스도를 선택하셨고, 부처가 아닌 엘리야를, 카이사가 아닌 모세를, 헤롯이나 빌라도가 아닌 바울을, 다이아나 황태자비가 아닌 사라를, 카인이 아닌 아벨을, 프랭크 시나트라가 아닌 에스라를, 에서가 아닌 야곱을, 피오 4세가 아닌 샘 존스를, 이스마엘이 아닌 이삭을 선택하셨다.

지금까지 세상이 "베스트셀러"에 대해 항상 미심쩍어해 온 것은 놀라운 일이 아니다!

하나님께서는 그분 자신의 백성에게 항상 사랑과 자비를 베푸시겠다고 말씀하신 후에도(시 138:8; 23:6, 스 3:11, 대하 7:3, 애 3:32), 그들에게 결코 자비를 베풀지 않으시고 도처에서 그들을 죽이시며 그 시체들 위에서 들짐승들이 "겨울을 나게" 될 것이라고 말씀하셨다(렘 6:23, 호 1:6, 사 27:11; 18:6).

자, 지성적이고, 합리적이며, 이성적이고, 또한 진실로 넓은 마음을 가지고 현대를 사는 "사람"으로서, 어떻게 이러한 책을 진지하게 받아들일 수 있겠는가? 아무리 그것이 "종교" 서적일지라도 그렇게 하기는 어렵다!

만약 이 책이 진실로 "하나님의 책"이라면, "현대인"은 순항을 시작해 보기도 전에 이미 영원히 저주를 받은 것이다. 오늘날 사람들은 성경에 접근할 때 그것이 불쾌하게 하거나 화나게 하고 방해하며 혹은 혼란스럽게 할 경우 그 책을 믿지 않도록 대중 매체와 공교육을 통해 이미 세뇌를 당한 상태에 있다. 그래서 이들이 성경을 진지하게 받아들일 가능성은 만분의 일 정도밖에 되지 않는다. 성경의 저자의 도움 없이 성경을 이해할 수 있는 방법은 없는 것이다.

숙고하라! 성경의 저자께서는 그분 자신의 백성을 멸하기를 『**기뻐**』하실 것이라고 자신의 서기들을 통해 말씀하셨다(신 28:63). 그뿐 아니라 성경의 기록자들은 아내가 그 남편의 『**주관**』을 받지 않으면 지극히 높으신 하나님께서 그녀와 그녀의 가족을 멸하실 것이라고 기록했다(창 3:16, 에 1,2장, 고전 11:3, 딛 2:5). 또한 A.D. 70-2000년 사이에 "디아스포라"(유대인들의 흩어짐)를 주도했던 모든 국가를 하나님께서 쓸어버리실 거라고 기록했다(렘 30:11). 이 얼마나 현 시대에 걸 맞는 희망찬 미래인가!

성경의 기록자들은, 모든 상식적인 법칙 및 자연 법칙조차 무시한 채, 500명의 실제적인 증인들이 부활한 몸을 입은 한 사람을 자기들의 눈으로 직접 목격했다는 사실을 확증하고 있다. 그 사람은 직업 군인(요 19:33,34)과 공인된 의사(행 1:3)에 의해 죽었다고 확인된 사람이었다. 게다가 그 사람은 부활하기 전에 3일간이나 무덤에 있었다(고전 15:4).

이것은 두 명의 로마 정치인(빌라도와 헤롯)의 사법권 하에서 발생한 하나의 역사적인 사건으로서 한 역사책에 기록되었다. 또 이 역사책에는 로마 군대에 의한 예루살렘 파괴(A.D. 70), B.C. 2300년경의 전 세계적인 홍수, 이집트, 앗시리아, 바빌론, 페르시아, 그리스, 로마로 이어진 왕국들, 한 장소에서 일어난 두 번의 성전 건축과 파괴, 무력충돌에 참여한 군대의 수, 전투에서의 사상자 수, 이집트에서 나온 이스라엘에 의한 카나안 정복, 열두 번의 기근, 이스라엘과 유다 왕들의 통치 등이 기록되어 있다.

이 역사책의 기록자들은 그들의 기록이 신화나 "전설"이 아니며, 그들이 기록한 민족과 국가들에게 일어날 사건들을 다룬 것이라고 반복적으로 언급한다. 이것이 진정한 역사인 것이다.

동정녀 탄생 사건이 있었다(눅 2장). 이것은 누군가가 그것을 믿느냐 믿지 않느냐 와는 상관없이 실제 있었던 일이다. 그것을 받아들이든지 말든지 맘대로 하라. 그러나 그것은 변함없는 사실이다.

바울의 회심도 있었다(행 9장). 그것은 역사상 실제로 일어난 사건이다. 기록자였던 누가가 그 사실을 정확하게 있는 그대로 기록했다. 누군가가 그 기록을 믿든지 믿지 않든지, 그것은 부인할 수 없는 사실이다. 그 일이 일어났으면 일어난 것이고, 그 일이 일어나지 않았으면 일어나지 않은 것이다. 그 사건에 대해서 당신이 무엇을 믿었느냐는 실제로 그 사건의 발생 여부와 전적으로 무관하다.

당신의 믿음은 그 어느 쪽에도 영향을 주지 못한다.

당신의 "신앙"은 그 사건의 발생유무에 관한 한 중요한 게 아니다.

역사적인 사실들에 기초를 두지 않았다면, 우리의 "신앙"은 농담에 불과하다.

지상에 사는 모든 카톨릭교도, 개신교도, 불교도, 유대인, 감리교도, 무신론자, 인본주의자, 힌두교도, 도교인, 시아파 회교도, 불가지론자, 그리스정교회원, 침례교도의 "신앙" 또한 마찬가지다.

홍해는 갈라졌다. 홍해는 "습지"에 있는 "갈대의 바다"가 아니었다. 그것이 온타리오 호수나 "오키페노키 습지"가 아닌 것처럼 말이다. 이스라엘이 건넜던 『**홍해**』는, 출애굽기 12-15장에 나오는 기록의 저자에 따르면, 그 안에 있는 만에 솔로몬의 해군이 정박할 수 있었다(왕상 9:26). 이러한 일들에 대해 당신이 이러쿵저러쿵 무슨 의견을 개진한다 해도, 역사 속에서 실제로 일어난 문제에 대해 횡설수설하는 것밖에는 안 된다.

바울은 죽은 사람이 무덤으로부터 일으켜지고 사람들과 더불어 먹고 교제를 나누는 것(행 1장)에 대한 역사적 설명이 사실이 아니라면(고전 15장), 아무도 죽음 이후에 어디로 가는지 알 수 없고 성경대로 믿는 사람들 중에서 아무도 진리를 외칠 수 없다고 기록했다. 또한 어떤 그리스도인도 죄를 용서받을 수 없고 아무도 미래의 어느 때에 무덤으로부터 일으켜질 수 없을 뿐 아니라 감옥에서 두 생애 동안 가석방 없이 종신형을 살도록 선고받은 죄인보다 그리스도인이 더 비참하다고 썼다(고전 15:13-19).

성경은 실제적인 역사이거나, 아니면 음양 이론이나 〈하디스〉(마호메트의 언행록)와 같이 단순한 종교적인 허구일 뿐이다.

수학은 성경이 역사임을 증명한다. 동시에 〈아디그란트〉, 〈몰몬경〉, 〈코란〉, 〈도덕경〉, 〈샤스트라〉, 〈푸라나〉, 〈아베스타〉, 〈수트라〉, 마하트마 간디의 어록, 〈하디스〉, 〈야스나〉, 교황들의 발언, "5피트 책꽂이"라 불리는 하버드 인문학 서재와 같은 종교적인 허풍들이 그저 철학적이고 영적인 오물들의 거대한 책장을 구성하고 있다는 사실도 증명한다. 때때로 이 오물들에는 자기 의로 가득 찬 죄인들의 입맛에 맞추기 위해 설탕, 향료, 소금 등의 조미료가 가미되기도 한다.

앞서 언급한 바와 같이, 주님께서는 성경을 처음 구상하실 때, 인류 역사의 "마지막 때"에 있을 역사적 사건들에 역점을 두기로 이미 결정하셨다. 그러므로 성경에 기록된 내용의 대부분은 미래 역사와 관련되어 있다. 즉 A.D. 2000년 이후에 있을 일들 말이다.

성경적인 모임에서 그리스도인들이 진지하게 성경을 연구할 때면, 항상 이런 미래의 사건들이 언급되는데, 곧 이스라엘이 다시 모이는 일과 에큐메니칼 종교통합 운동, 휴거, 그리스도의 심판석, 어린양의 혼인식, 대환란, 다니엘의 칠십 주, 멸망의 아들, 이스라엘의 남은 자들, 아마겟돈, 재림 그리고 이스라엘의 회복(히 8장, 롬 11장)이 그렇다.

이러한 일들이 있기 전에 교회는 완전히 배교할 것이다(딤전 4장, 딤후 3,4장, 유 1장, 계 1-3장). 그리고 이 모든 일들 이후에는 그리스도의 천년 통치(시 110,72,2편, 암 9장, 롬 8장, 마 19,25장, 사 11장), 마지막 반역(계 20장), 마지막 심판(계 20장, 전 12장, 롬 3장,

행 17장), 태양계의 붕괴(벧후 3장, 사 66장), 새 하늘들, 새 땅, 새 예루살렘(사 55,65장, 계 21,22장, 요 17:24, 엡 2:7, 요 14:1-3)이 있을 것이다.

역사를 다루는 20가지 성경적인 주제들 중에서, 21세기 현대 종교, 교육, 정치, 군사, 과학의 수뇌부들은 두 가지 항목만을 밝혀냈으니, 곧 에큐메니칼 종교통합과 교회들의 배교이다. 이들 현대의 "지도자들"은 진정한 의미에서 성경적 문맹자들인 것이다.

그들에게는 성경이 닫힌 책이다(사 29장).

성경에는 역사가 어떻게 움직이는지에 관한 내용이 나온다. 만일 성경 스스로 자기가 무엇인지 말한다면, 역사책이라고 말할 것이다.

I. 하나님께서는 선지자들(호 12:10-13)과 제사장들(출 19:6)의 민족을 몰락시켜 인본주의적인 불가지론자들(신 32:5,6,25,28)의 민족이 되게 하실 의도가 있으시다. 그래서 그 민족의 유일하고 진심어린 신앙고백은 신명기 6:4의 말씀, 즉 "한 분 하나님"에 대한 믿음이 될 것이다. 이것은 마호메트나 우주의 모든 마귀들과 동일한 믿음이다(약 2:19, 막 5:7, 사 14:13,14). 모든 마귀들도 창세기 1장 이래로 "한 분 하나님"이 계시다는 것을 믿어 왔다. 그러한 믿음 자체로는 아무것도 아닌 것이다.

II. 이 배교한 민족은 흩어진(호 3장) 이후에 저주받은 『**무화과나**

무』로서 원래의 땅에 다시 모이게 될 것이다(호 2장). 이들에게는 국가적인 생명은 있겠지만, 영적인 생명은 없을 것이다(마 24:32). 이 민족이 낼 수 있는 것은 오직 잎사귀들(마 21:19)뿐이다. 열매는 내지 못한다. 첫 언급의 법칙에 따라 이 잎사귀들은 본래 피흘림 없이 자기의 죄를 덮으려는 자기 의로 가득 찬 인간의 시도를 강조한다(롬 10:1-4). 이 무화과 나뭇잎 『**외투**』(요 15:22, 『**변명**』)는 죄를 제거하기는커녕 가려 줄 수조차 없다(잠 28:13).

III. 그러는 동안에 하나님께서는 이방 민족들을 함께 모아(마 13:30) 그리스도를 거부하는 죄인들(롬 11장)로 구성된 하나의 강력하고 전 세계적인 연합체(창 11장)를 형성하실 생각이다. 그들은 구약을 변질시키고(고후 2:17, 렘 23:36), 신약을 변개시킨 자들이다(벧후 3:16, 렘 23:36).

IV. UN 총회(슾 3:8)는 그들 자신에 관한(롬 1,3장) 성경 말씀(요 8:44-47; 7:46,47)을 지속적으로 거절함으로써 모닥불에 불붙일 "연료"로 쓰일 것이고(겔 20-22장, 렘 48-50장, 말 4:1-4), 모든 가짜 그리스도인들, 카톨릭교도, 힌두교도, 불교도, 개신교도, 모슬렘들, 유대인들은 이 거대한 불길에 휩싸일 것이다. 이들은 선행을 통해 자기들만의 특별한 "하늘"에 도달하려고 애쓰는 헌신된 "박애주의자들"이다. 예수 그리스도께서는 마태복음 13장에서 그들을 가리켜 『**독**

보리』라고 부르셨다. 왜냐하면 그들이 마치 『**곡식**』처럼 보였기 때문이다.

V. UN을 하나의 묶음으로 묶어서 태워 버리기 위해(습 3:8, 마 13:30) "길을 이탈하게 만드는" 그들의 턱에 『**재갈**』을 물려야 한다. 재갈을 단단히 물린 후에야 그 짐승(계 13:1-4)을 "묶고"(마 13장) "태울"(말 4:1-4) 수 있다. 그러므로 UN은 21세기에 오직 한 가지 일만을 할 수 있으니, 곧 전 세계적인 멸망을 준비하는 것이다. 이렇게 되기 위해서 UN은 인류에 의해 만들어진 가장 위대한 전체주의적 독재정치를 수립해야만 한다. 이 가공할 만한 경찰국가는 모든 국가, 주, 도시, 회사, 교회, 학교, 가정뿐만 아니라 모든 행위와 말, 그리고 생각까지도 완벽하게 통제할 수 있는 방법과 수단들을 고안해 낼 것이다. 우주 시대의 현대 과학 기술은 이러한 목표들을 성취할 것이다. 그리고 "새 시대"(New Age)의 움직임에 저항하는 사람은 누구라도 죽이는 무장한 "평화유지군"이 이를 지원할 것이다. 예수 그리스도를 채찍질하고 십자가에 못박고 창으로 옆구리를 찌른 것은 다름 아닌 로마였다. 뇌물을 받아 부활에 관한 거짓말을 유포하고(마 28장), 바울을 죽이고 야고보를 살해하며 베드로를 감옥에 가둔 것도 로마였다(행 12장). 또한 베들레헴의 두 살 이하의 아이들 모두를 죽인 것도 로마였고(마 2장), 암흑 시대(A.D. 500-1600)에 5백만 명이 넘는 성경대로 믿는 그리스도인들과 유대인들을 죽

이고 고문한 것도 로마였다. 그리고 이 위대하고 새로운 "팍스 로마나"(로마식 평화)의 열광적인 선동자요, 종교 지도자요, 사람들의 "등대"가 될 미심쩍은 명성을 가지게 될 존재도 로마이다. 가장 높은 정상에 있게 될 "사람"(계 13-19장)은 종교적이고 카리스마가 넘치는 매력적인 존재이지만, 피흘리는 살인자가 될 것이다. 서구 세계의 독재자들은 모두 로마카톨릭 교도였다. 노리에가, 마르코스, 바티스타, 카스트로, 프랑코, 무솔리니, 히틀러, 스탈린 등이 그렇고, 로마카톨릭의 동쪽 지류인 그리스정교도 레닌과 스탈린을 낳았다. 가짜 독재자는 "복된 중재자"(blessed peace maker, 마 5:9)로서 평화를 위해 기도하면서 주도권을 잡을 것이다(단 11:21,24).

VI. 로마의 독재자는 이스라엘을 팔레스타인에 남겨 두는 한, 배교한 유대인들로부터 인정을 받을 것이다. 그럴 수밖에 없는 것은, 유대인들이 그들의 기름부음 받은 메시아(요 4:25,29, 행 7:52)를 죽일 때 그들 스스로 『**카이사 외에는 우리에게 왕이 없나이다.**』(요 19:15)라고 공언했기 때문이다. 이런 배경 속에서 뉴에이지 로마의 "카이사"는 평범한 인간에서 능력 있는 존재로 변할 것이다(계 13:1-6, 슥 11:15-17, 사 14:13,14). 그의 성경적인 칭호는 『**멸망의 아들**』(요 17:12, 살후 2:3)이다. 그는 최고로 "현명한" 사람, 즉 "슈퍼맨"이 될 것이다(겔 28장). 또한 암살당한 이후에 부활할 것이며 (슥 11장, 계 13장) 예루살렘으로 이동하여 UN의 세계 통치를 로마에서 예루살렘으로 옮길 것이다.

VII. 이 세계 통치자와의 "성적인 결합"은 다니엘 11:37의 내용과 이집트의 한 상징인 스핑크스(Sphinx, "X"자로 끝나는 단어들에 관해서는 〈짐승의 표〉를 참조할 것)에 나타난다. 그는 "양성," 즉 자웅동체이다. 그가 권력을 잡게 되면, 그의 표와 이름과 숫자는 컴퓨터화 된 임플란트 칩, 비자카드, 전 세계적인 통화 제도를 위한 웹 네트워크가 되어(계 13장, 사 13장), 바코드와 "전자 칩," 마이크로파, 홀로그램, "가상현실," 전자기 뇌파 등과 더불어 실행될 것이다. 또한 "각국의" 국세청을 "전 세계"로부터 세금을 징수하는 곳으로 바꿀 것이다(눅 2:1-5). 마귀의 성경들은 이 사실을 감추기 위해 킹제임스 성경의 『조세』라는 단어를 "호적"이나 "인구조사"라는 단어로 변개시켰다. 이렇게 사탄이 변개한 성경들 중에서 가장 대중적인 것이 NIV(새국제역본)이다. "국립" 공영 라디오 방송이 "국제" 공영 라디오 방송으로 전환된 것과 같은 이러한 변화는 1999년에 비밀리에 진행되었다. 그 바로 전에는 미국의 "국립"공원들이 "국제" 생태지구로 조용히 바뀌었었다. TV, 라디오, 신문, 잡지 등 주요 뉴스 매체들 중 어느 것도 이러한 은밀한 작업에 대해 언급조차 하지 않았다. 그 다음 단계로 "국가" 방위군은 "국제" 방위군이 될 것이다.

VIII. 이 독재자의 죽음과 부활 직전에 수백만 명의 "말씀꾼들”(trouble makers)은 『**눈깜짝하는 순간에**』(고전 15장, 살전 4장, 욥 37장, 시 50편, 사 26장, 요 11:26) 지구상에서 사라질 것이다. 따라서 “도끼가 뚝하고 떨어질 때”(계 20:4; 4장) 예루살렘 제단에서 구르게 되는 것은 문자 그대로 “유대인의 머리들”(계 11:8,9; 6:9, 레 1:1-10, 사 6:13)이 될 것이다. 이들 순교자들은 모세와 엘리야의 사역을 통해서(마 17:1-6, 말 4:4-6, 계 11:1-11) 예수 그리스도를 메시아(요 12:42, 신 18:15-18)로 받아들인 개종한 유대인들일 것이다.

부언하면, 지금까지 미래의 역사에 관하여 35가지 세부사항들을 열거했다. 만약 성경이 하나님의 책이라면, 이 세부사항들은 지상에서 숨 쉬며 살았던 모든 교황들이 “믿음과 도덕”에 관해 말했던 모든 권위 있는 언급들보다 더 “확실한” 것들이다. 이 35가지 세부사항들이 역사 속에서 역사적으로 성취될 가능성은 10^{26}분의 1이 될 것이다. 내기를 해 보고 싶은 사람이 있는가? 지금 “믿음”이나 “종교”에 관해 얘기하고 있는 것이 아니다. 역사, 특히 미래의 역사에 관해 말하고 있는 것이다.

IX. 『**율법과 선지서**』(눅 16:16; 24:44)를 대표하는 이 두 선지자는 선지자들을 죽이는 도성(마 23:37), 곧 예루살렘에 다시 나타나게 될 것이다. 그들이 나타나면, 예루살렘은 더 이상 그 역사가께서 요한에게 기록하라고 말씀하셨던 그 『**사랑하시는 도성**』(계 20:9)이나 『**거룩한 도성**』(마 27:53) 또는 『**위대한 왕의 도성**』(마 5:35)으로 불리지 않을 것이다. 그 때는 『**소돔과 이집트**』(계 11:8)나 『**우리 주께서 십자가에 못박히신 곳**』(계 11:8)이라 불릴 것이다.

"화평의 도성"인 예루살렘이 21세기에 어떤 이름으로 불릴 것인지 누가 추측이나 할 수 있었겠는가? 그러나 요한은 알고 있었다. 그가 어부였음을 기억하는가? 그는 이것을 A.D. 90년경에 기록했다. 도대체 어떻게 요한계시록 11:8을 기록한 같은 책에서 그 도성이 『**사랑하시는 도성**』이라 불릴 것을 알았단 말인가?

자, 이렇게 "딱 들어맞는" 이유는 요한이 한 가지 사실을 알고 있었기 때문이다. 즉 "올바른" 독재자가 예루살렘의 보좌에 앉으시기 전에(계 20:1-6) "잘못된" 독재자가 그 보좌에 앉는다는 것이다(살후 2:1-6). 그 잘못된 통치자가 예루살렘에서 다윗의 보좌에 앉을 때, 그 도성은 아프리카의 문화를 닮게 될 것이고(이집트는 아프리카에 있다) 성적 문란이 고조될 것이다("동성연애," 곧 "Sodomy"는 소돔에서 유래한 단어다, 창 10,19장).

"대지의 여신 만세! 어머니 자연 만세! 뉴에이지 만만세!"

"밀림으로 복귀하는 진보"로도 충분치 않다면, 식인풍습도 다시 실행된다는 사실을 기억하라(시 44:1,2 사 13:6).

"식인풍습 만세!" "소수 정당 연합 만세!" "붉은 중국 출신의 풋내기들 만만세!"

요한은 제2차 세계대전보다 1,900년 앞서 미래 역사를 썼다. 미래에 관하여 당신이 "자료들"을 통해 얻은 "정보"가 있다면 얘기해 보라!

이 모든 것의 결론은, 그것이 학위의 유무나 수준을 막론하고 모든 성경 거부자들을 눈먼 바보들로 선언했다는 것이다. 이것이 바로 제정신을 가진 사람이 지금까지 제시된 성경적인 사실들을 공부한 후에 도달하게 되는 결론이다. (지금까지 제시된 사실들은 피터 S. 럭크만의 〈그림으로 보는 요한계시록〉에서 140개 이상의 그림들로 확인해 볼 수 있다.)

X. 팔레스타인의 유대인들이 "만물의 척도"인 인간의 형상에 절하기를 거절함에 따라(이것은 이 일이 일어나기 2,800년 전에 이미 다니엘 3장에 묘사되어 있다), 공산주의 카톨릭의 "제4제국"(Fourth Reich)은 전면적으로 대량학살을 시작한다. 이것은 1939-1945년 사이에 로마 카톨릭에 의해 자행된 유대인 대학살과 완전히 똑같다. 로마카톨릭교도인 히틀러가 행했던 유대인 학살보다 목표점에 좀 더 가까워졌다는 사실을 제외하고는 말이다. 이때에는 1,000만 명 이상의 유대인이 학살당할 것이다. 그 수가 1,200만 명에 이를 수도 있다(애 5장). 두 번째이자 마지막인 이 유대인 학살은 2,600년 전에 이미 열왕기상, 역대기하, 느헤미야, 예레미야, 에스겔, 스카랴에 묘사되어 있다. 『**멸망의 아들**』(요 17:12, 살후 2:3)의 대표적인 "유형"으로는 카인과 파라오, 산헤립, 사울, 느부캇네살, 이상 다섯 명이다. 느부캇넷살은, 하나님께서 정하신 그 "땅"을 주시기 위해 아브라함을 부르셨을 때 아브라함이 떠났던 바로 그 도시(바빌론)와 국가

의 왕이었다. 여기에 "한 권의 책"이 있다. 한 가지 주제가 처음부터 끝까지 일관되게 이어지는 책이다. 창세기 1:1에서 요한계시록 20장까지 하나의 비종교적인 핵심 주제가 이어진다. 마지막 왕과 마지막 왕국에 초점을 둔, "왕"과 "왕국"에 대한 하나의 역사적 설명이 주를 이룬다. 개인적인 구원은 부차적이고 부수적인 주제에 불과하다. 하나님께서 개입하지 않으신다면(욜 2장, 사 9:6), 아브라함과 이삭과 야곱에게 약속하신 팔레스타인 땅은 이스마엘(마호메트 추종자들)과 로마카톨릭의 『**죄의 사람**』(살후 2:3, "교황")에게 넘겨질 것이다. 성경이 거짓이라면, 영원토록 거짓이 될 것이다. 반면에 진실이라면, 교황의 이름은 "진흙"이고, 마호메트의 이름은 "진흙 떡"이 될 것이다. 자, 내기를 해 보자! 누가 이길 지는 오직 하나님께서만 아신다!

XI. "인류"를 다루심에 있어서, 하나님의 궁극적인 목적은 2억의 "평화유지군"(계 9:15,16; 16:14-16, 욜 2장)의 목표인 "화평의 도성"을 이용하심으로써 마지막 "결정적인 순간"에 개입하시는 것이다. 주께서는 그들을 불태워 없애기 위해 그곳으로 모으실 것이다(습 3:8). 아무리 거기에 모이는 그들의 의도가 밸푸어 선언(1917) 이래로 세상을 소란스럽게 해 온 『**떨리는 잔**』(곧 예루살렘, 슥 12:2) 안에서 "분리주의자들"의 "분열을 조장하려는 노력들"을 "무력화"시키고 "조화롭게 화합"하여 "선의를 가진 인류에게 지구의 평화"를 가져다주기 위한 것일지라도 말이다. 이 "국제연합"은 이전에는 "국제연맹"으로 불렸었다. 이들은 성경을 거절하고 하나님을 부인하는 "공상적인 개혁가들"과 동일한 부류로서 자기들의 연맹에서 하나님을 걷어차 버리고는 하나님의 아들이신 예수 그리스도도 UN에서 내쫓아 버렸다.

이제는 왜 세상과 "현대인들"에게 성경이 필요없는지 알겠는가? 성경은 지금 그들의 현 상태에 대해 유죄판결을 내리고 있다. 그런 후에 인간이 "왕국을 건설하고 있다"는 생각을 하도록 속임으로써, 그가 무엇을 해야 하는지 알려 주고는 그의 의지와 상관없이 강제로 그것을 하도록 만든다. 유다처럼(슥 11:12,13), "현대인"은 파멸하도록 예정된 것이다. 때가 이르기 전에 미리 알려 주었지만(마 26:24,25), 그것을 피할 수는 없다(눅 17:1). 그의 눈앞에 초등학교 3학년도 이해할 수 있는 글로 제시되어 있어서 그것을 쉽게 읽을 수 있는데도 말이다!(슥 11:13)

"현대인"에게 미리 경고되었다는 사실이 결코 "미리 대비되었다"는 것을 의미하지는 않는다. 그것은 단지 세계에서 가장 위대한 반인본주의 작품을 쓰신 저자께서 역사상 존재했던 증오 문학들 중에서 가장 위대한 작품을 쓰시고, 실제의 사건들이 일어나기 2-3천 년 전에 미리 기록해 두시어 그 독자들에게 그것을 미리 알게 하셨다는 의미일 뿐이다. 그것은 미리 기록된 미래의 역사이다. 이와 견주어 볼 때, 부처와 조셉 스미스, 마호메트, 교황들은 알래스카의 폭풍 속에 있는 굶주린 까마귀들의 둥지마냥 한데 뭉쳐 비참하게 처박혀 있는 모습이다. 그들의 말이나 글들은 하나님의 작품과 비교하면 헛소리들에 불과하다.

성경은 너무나 "거룩해서" 사람들의 손을 더럽힐 것이다.

성경과 달리 코란은 "간음하는 일부다처주의자의 종교적인 헛소리"에 지나지 않는다.

문제는 하나님의 "선택"에 달려 있다. 그분의 악의로 가득하고 편협한 선택하심에 따르면, 아시아, 아프리카, 유럽, 북아메리카, 남아메리카, 중앙아메리카, 영국, 호주, 서인도와 동인도는 파괴될 것이다.

이러한 성경을 기록한, 사악하고, 악의로 가득하며, 편파적이고, 가차 없으며, "증오에 찬" 기록자들은 어떠한 사람의 감정도 존중하지 않았다. 계층과 인종을 다룰 때 어떠한 "감성"도 존중하지 않았으며, "다른 사람들의 의견들"에 대해 어떤 관용도 보이지 않았다. 성경 기록자들은 지상의 모든 주요 뉴스 매체들과 세상의 모든 대학들에서 교육하고, 학습하고, 암기시키며, 계획하고, 모의하며, 제정하고, 권장하는 모든 것들과 모순되는 지구 평화를 위한 계획을 언급하고 있다.

바울, 이사야, 모세, 스가랴, 에스겔, 다니엘, 다윗, 시몬 베드로, 예수 그리스도, 사도 요한에 따르면, 인류를 위한 하나님의 "평화 계획"은 "화평의 도성" 앞에서 일어날 무장 전투에 의해 이루어질 것이다. 이것은 창조주와 그분의 피조물들, 즉 하나님과 인류 사이에서 벌어지는 전쟁이다. 이때에는 "하나님의 사랑을 나눠요"나 "당신을 사랑하시는 치유의 하나님" 과 같은 종교적이고 감상적인 표어는 더 이상 존재하지 않을 것이다. "기름부음"이나 "셰키나 영광"(현현하신 하나님의 영광)으로 사람들을 열광하게 하거나 오싹하게 해주는 카리스마 넘치는 산타크로스와 같은 것들도 더 이상 없을 것이다. 이때에는 "약속의 수호자들"이나 "인류의 형제애" 또는 "인간성 회복" 등의 인본주의적인 허풍도 더 이상 존재하지 않을 것이다. 그야말로 아무런 꾸밈도 없는 옛날 방식의 굉장히 혹독한 살인만이(유 1:14,15, 사 34:13; 2:12-21) 있을 것이다. 이것은 2억 이상의 종교적인 사기꾼들이 으깨져서 기름에 볶은 콩처럼 되는 사건(계 14,19장, 욜 3장, 사 34,64장)이며, 그들을 태워 재로 만드는 사건이다(말 4:1-4, 마 13장, 살후 1:7,8).

2,300만 권의 책들 속에서 이런 "종교적인" 내용들을 담고 있는 역사책이 있는지 찾아보라! 그런 책이 딱 한 권 있기는 하지만, 그것은 종교서적이 아니다. 역사책이다. 그 유일한 책의 이름이 무엇인지 말해 보라.

이 역사책의 문제점은 이 책이 인류의 역사 속에다 계속해서 『**하나님**』과 『**주**』를 끼워 넣는다는 사실이다. 이 두 어휘는 1,200쪽 짜리 성경 속에서 4,100번 이상이나 나온다. 즉 한 쪽 당 세 번 이상 나오는 것이다. 오늘날 사람들은 이러한 책에 대해 견딜 수 없어하고, 용인하려 하지도 않는다. 그들은 앞으로 어떤 일이 일어날 것인지 하나님께서 말씀하신 것과 상관없이, 자신의 운명을 전적으로 직접 짊어지고는 자기의 "신"(神)인 자기 자신과 함께 살다가 함께 죽기를 원한다.

그들은 알지 못하는 미래 역사를 고려할 때 기꺼이 도박을 하려고 하지만, 정작 미래의 역사라고 하는 것은 그들의 고조부가 태어나기 1,000년도 더 전에 이미 기록되어 있었고, 또 미래를 기록하신 분께서는 자신이 예언하신 것에 관한 한 한 번도 실패하신 적이 없다.

소위 "만물의 척도"라고 하는 인간들은, "요엘 2장, 스카랴 10,14장, 이사야 2,11,34,66장, 말라키 4장, 스파냐 3장, 신명기 28,32장, 마태복음 24장, 누가복음 21장, 마가복음 13장, 요한계시록 6,11-13, 18-22장 중에서 그 어떤 것도 실현되지 못할 것이다"에 자신의 혼을 걸고 도박을 하고 있다. 이들은 이 말씀의 기록자들 모두를 모세, 다니엘, 호세아, 아모스, 미카, 나훔, 베드로, 야고보, 바울, 다윗, 학개 등의 기록자들과 함께 정체를 알 수 없거나 실체가 잘못 알려진 비과학적이고 무지한 자들로 폐기시켜 버렸다. 게다가 "시민권," "인권," 등의 모든 현대적 기준들에 의하면, 성경 기록자들 모두는 상스럽고 모욕적인 발언으로 인간의 본성을 비방하고 "증오에 의한 범죄"를 조장한 죄목으로 체포되어 벌금을 물거나 투옥되어야 한다.

이것이 성경의 저자와 그분의 "저자들"에 관하여 "현대인"이 생각하는 바이다. 그러나 "현대인"에 대해 우리가 생각하는 바는 대중매체를 통해서는 성경과 같은 책이 결코 출간될 수 없을 것이라는 점이다.

제 7 장

성경을 검토한 이후에 따라야 할 명령

그룹들, 스랍들, 장로들, 천사들(계 5,6장, 사 6장)이 완성된 성경에 대한 검토를 끝마쳤을 때(A.D. 90-100), 주께서는 다음과 같이 물으셨다. "너희는 내가 왜 이 '베스트셀러'를 기록했는지 아느냐?"

다양한 답변들이 나왔다. "인류에게 주님을 드러내시기 위함입니다." "하나님을 찾으려는 인간들에게 역사를 주시기 위해서입니다." "사람들에게 소망을 지녀야 할 이유를 알려 주시려는 것입니다." "사람들에게 구원의 필요성을 보이시기 위해서인 것 같습니다." "사람들이 어떻게 살아야 하는지 가르쳐 주시기 위함입니다."

그들이 대답을 마쳤을 때, 주님께서는 미소를 지으시며 말씀하셨다.

"나의 책은 그 모든 것을 성취할 것이며, 그것도 온전히 성취할 것이다. 그러나 너희도 알다시피 내가 내 책을 구약과 신약으로 나누어 쓰지 않았느냐?" 모두 고개를 끄덕였다.

"자, 구약은 우선적으로 미국인들, 영국인들, 독일인들, 일본인들, 러시아인들, 오스트리아인들, 그리스인들, 이탈리아인들, 중국인들, 프랑스인들, 스웨덴인들, 캐나다인들, 필리핀인들, 멕시코인들, 아프리카인들, 캄보디아인들, 베트남인들, 태국인들, 한국인들을 파멸시키기 위하여 쓴 것이다(고전 1,2장)."

"신약은 주로 무신론자들, 불가지론자들, 이신론자들, 진화론자들, 아라비아인들, 터키인들, 불교도들, 알제리아인들, 이라크인들, 이란인들, 모슬렘들, 힌두교도들, "뉴에이지 음악 애호가들," 유대인들을 파멸시키기 위해 쓴 것이다."

하늘에 잠시(반 시간이 아니라 한 시간 동안, 계 8:1) 정적이 있었다. 하나님께서는 정말로 성경이 사람들을 파멸시키기 위해 기록되었다고 말씀하셨는가?

결국 미카엘이 용기를 내서 말을 꺼냈다. "그렇다면 그들이 모두 한꺼번에 파멸되는 것입니까?"

"정확히 그렇게 될 것이다! 그들을 모아서(습 3장), 재갈을 물리고(사 30:28), 단으로 묶어(마 13장), 태워 버릴 것이다(말 4장, 살후 1장, 겔 21장)."

정말로 이런 것이 처음부터 주님의 마음속에서 가장 중요한 것이었을까? 하늘에 또다시 정적이 있었다. 이번에는 두 시간의 정적이었다.

주님께서는 조용히 그분의 "군대"를 불러모으시고는 약간 얼굴을 찌푸리시며 그들에게 물으셨다. "나의 아들이 그들 모두를 위해 죽지 않았느냐?(딤후 1:1-8, 히 2:9) 너희 중 어느 누구도 칼빈주의자는 아니지 않느냐?"

모두 고개를 끄덕였다(딤전 2:4,6, 고후 5:19).

"그렇다면 수십억 명 중에서 한 줌밖에 되지 않는 수백만 명이 그로 인해 죽는 것에 대해 왜 그렇게 심란해 하는 것이냐?!"

"헌법 수정 제5조," 곧 묵비권에 따라, 이번에는 세 시간 동안 침묵이 흘렀다.

"내가 올바로 들은 것이라면(마 27:25), 그들은 분명 『**그의 피를 우리와 우리 자손에게 돌리라.**』고 말하지 않았느냐?"

모두 고개를 끄덕였다.

"그리고 바울 역시 이방인들에게 비슷한 식으로 적용하지 않았느냐?"(행 20:26, 겔 33:7,8)

("침묵은 금이다." "생쥐 한 마리 얼씬하지 않았다.")

"그렇다면 그들의 피가 내 아들의 옷에 묻는 것이 뭐가 잘못된 것이냐? 인간들도 사람들을 차별하면서 어떤 사람들에게는 '차별철폐조치'를 취하지 않느냐?"

더 오랜 침묵이 흘렀다. 몇몇은 머리를 거칠게 흔들었다.

이 시점에서 주님께서는 모임을 중단하셨다. 이로 인해 주께서는 그분의 책에서 "책들을 덮으셨던" 것이다. 그분은 교만하고 어리석고 기만적인 현대의 "들나귀들"(욥 11:12)이 유대인들의 성읍에 있는 유대인의 보좌에서 유대인 왕이 통치하는(롬 11:26) 세상을 받아들일 수 없다는 것을 알고 계셨다. 그 유대인들의 땅에서는 팔레스타인인이나 아랍인, 그 누구도 땅 한 평조차 소유할 수 없다. 더욱이 이방인 세상 통치자들은(계 13:7; 17:12) 죄 없으신 군사 독재자를 결코 받아들이지 못할 것이다. 주께서는 개미 언덕을 훑고 지나가는 개미핥기처럼 죄인들을 멸망시키시며(말 4장, 마 23,25장, 렘 25장, 욜 2장) "통쾌"해 하실 것이다(계 6:4,9; 9:5,15; 11:13; 14:19,20).

그리고 현대의 유대인들은 (모세와 엘리야가 나타날 때까지는!) 기름부음 받은 "메시아"를 받아들이지 않는다. 그러나 그 메시아께서는 탈무드와 랍비들을 비웃으신다(마 23장). 그리고 모세의 율법을 편집하고 수정하시면서(마 19:7,8; 5:21,22,27-29,38,39) 자신이 『**육신으로**』 오신 여호와이심을 주장하신다(『**예수**』는 "여호와께서 구원하신다"라는 의미이고, 『**임마누엘**』(마 1:23)은 『**우리와 함께하시는 하나님**』이라는 뜻이다). 또한 더러운 이방의 『**개들**』(마 15:26, 행 10:1,15,16,19)이라도 개인적으로 구원을 받으면 이스라엘에게 주셨던 안식과 동일한 안식을 주신다(행 11:18, 롬 10:12).

메시아를 거부한 유대인들은 특히 신약성경에 의해 멸망당한다. 왜냐하면 그들이 2,3,4세기에 자기들에게 닥칠 일들에 대해서는 아무것도 모른 채, 어떤 이방인 집단이라도 그리스도의 신성과 동정녀 탄생을 믿는다고 고백하면 『**그리스도인**』(행 11:26)인 것으로 간주했기 때문이다. 이것은 A.D. 325-1945년에 800만 명 이상의 유대인들이 멸망함으로써 입증되었다. 이는 그런 생각으로 인해 그들이 이방인의 사도에게 주어진 『**하나님의 은혜의 복음**』(행 20:24)을 듣지 않았을 뿐만 아니라 모든 그리스도인들은 "반유대주의자"라고 생각해 버렸기 때문이다.

1611년 이래로 '종교상의 이유로 게토(유대인 강제 거주 구역), 노란 별, 집단학살, 유대인 살해 등을 정당화하는 사람'이라는 의미에서 반유대주의자이면서 동시에 진정한 "그리스도인"이었던 사람은 이 세상에 아무도 없었다. 1611년 이전에는 그러한 것들을 믿었던 루터교도, 카톨릭교도, 그리스정교회원, 성공회교도, 장로교 "그리스도인들"이 있었지만, 그 이후에는 사도행전 11:26과 로마서 11:25-28의 의미에서 볼 때 반유대주의자인 "그리스도인"은 찾을 수 없는 것이다.

18세기부터 오늘에 이르기까지 성경대로 믿는 그리스도인들은 모두 로마서 11장과 히브리서 8장을 믿을 뿐만 아니라 아울러 데살로니가전서 2장과 로마서 10장도 믿는다. 성경대로 믿는 그리스도인들은 종교개혁 이전의 카톨릭 "유물" 따위는 가지고 있지 않다.

성경대로 믿는 그리스도인들은 자기 자신의 구원을 확신하는 것(요일 5:10-13, 롬 8:29, 빌 1:6)과 똑같은 믿음으로 이사야 2,11,65,66장, 시편 2,68,110편이 문자 뜻 그대로 성취될 것을 믿는다.

유대인들은 니케아 공의회(A.D. 325)가 열린 순간 구원으로부터는 완전히 배제되고 말았다. 그 날 이후로 입으로만 그리스도인이라 고백하는 파시스트(전체주의) 형태의 "기독교계"가 새 예루살렘을 대신하기 위하여 정치적인 "정부"(어거스틴의 〈하나님의 도성〉)로서 로마에 자리를 잡았다. 그곳의 수장은 검은 마술(주문을 외워서 물을 피로 바꾸고 포도주를 피로 바꾸는 마술)을 믿는 마귀 들린 이교도이며 하나님 아버지의 칭호를 탈취하여 자신의 칭호로 쓰고 있다. 모든 믿음의 근본사항들이라는 것을 믿는다고 고백하지만(사도신경을 보라), 실제로는 바빌론의 『**하늘의 여왕**』을 숭배하고(렘 44장) "성 요셉의 턱수염"으로 맹세를 한다. 유럽, 아프리카, 아시아의 모든 성경대로 믿는 그리스도인들 중에서 그 "성 요셉"이라는 자가 죽어서 어디로 갔는지 확실히 아는 사람은 아무도 없다. "교황"은 성경적인 역사에서 첫 번째 살인자였던 "카인의 화신"이다.

이교도 독신남인 "교황"은 로마 제국의 수장으로서 "카이사"를 대신했다. 그래서 그 날 이후 오늘날까지 어떤 정통 유대인도 로마카톨릭교도들이 카톨릭의 회원들만큼이나 "그리스도인들"이 아닌 사실을 알지 못한다. 그 회원들의 이름을 열거해 보면 다음과 같다. 아돌프 히틀러, 피의 메리, 루크레치아 보르지아, 폴 감비노, 알 카포네, 프랭크 시나트라, 아돌프 아이히만, 조셉 괴벨스, 프란시스코 프랑코, 하인리히 히믈러, 러키 루치아노, 파블로 에스코바, 보스 마세리아, 샤를마뉴, 알베르트 아나스타샤, 보스 마란짜노, 이그나티우스 로욜라, 베니토 무솔리니, 교황 요한 23세, 피델 카스트로, 토니 아스카도, 토르케마다, 루돌프 회스, JFK, 나폴레옹, 교황 바오로 6세, 헤르만 괴링, 교황 피오 7세, 바티스타, 노레이가, 필리핀의 마르코스 대통령, 교황 요한 바오로 2세, FBI, 샘 지안카나, 판초 빌라 등.

이들 물 뿌림을 받은 로마카톨릭교도들이 그들의 교회에서 A.D. 325년부터 지금까지 줄곧 배워온 한 가지 사실이 있으니, 곧 하나님께서는 "선택된 백성"으로서 유대인들과의 관계를 완전히 끝내셨다는 것이다. 그 결과 구약의 400개 이상의 구절들에서, 하나님께서 야곱의 후손들에게 주신 힘과 번영에 관한 물리적이고 물질적이며 정치적인 모든 약속들이 영적인 약속들로 바뀌어 바티칸 교회 국가에 주어졌다는 것이다. 또한 하나님께서는 이스라엘을 제거하시고, "피에 취한 창녀"(계 17,18장)로 그 자리를 대신하셨다고 배웠다.

이로써 현재는 그 창녀가 하나님의 선택받은 백성을 대신하게 되었다. 이러한 터무니없는 성경 왜곡을 소위 "후천년주의"라고 부른다(벧후 3:16).

"군림하는" 교황들마다 후천년주의라는 신학적인 사기를 무오한 "기독교" 교리, 곧 성령을 통해 그들에게 주신 교리라고 가르쳐 왔다. 이들은 카톨릭 교회가 "교리적인 오류"를 범하지 않는다고 모든 카톨릭교도들에게 장담했다!

어떤 마귀 들린 무신론자라도 이보다 더 심각한 실수를 저지르지는 못할 것이다. 왜냐하면 앞표지부터 뒤표지까지 성경의 주제가 물리적이고 문자적인 땅을 통치하시면서 물질적으로 또 정치적으로 번영하시는 한 왕에 대한 내용으로 일관하기 때문이다. 그분께서는 추기경이나 주교가 아니신 것은 물론, 로마카톨릭교도나 이교도도 아니시다.

알다시피, 그레고리 1세로부터 요한 바오로 2세에 이르기까지 모든 교황들은 신성모독을 일삼고, 성경을 거부하며, 성경을 변개시키는, 포도주에 취한 독신들로서 "동정녀 마리아"를 다루고 있는 구약을 거부했다. 실제로 이와 관련된 구약의 한 구절로도 교황을 『**아버지**』(마 23:9)라고 부르는 사람들에게 천국을 닫아 버린(마 23:13), 곧 병적으로 자기중심적인 모든 교황들의 영적인 목을 부러뜨리기에 충분하다.

하나님께서는 지금까지 살았던 모든 로마카톨릭의 수녀, 사제, 추기경, 주교, 수도승, 대주교, 장관, 대사, "교황 대사," 예수회 회원, 교황의 영적인 "경정맥"을 끊어 버리는 한 구절을 시편 69편에 기록해 두셨다. 시편 69편에 기록된 이 하나의 구절이 모든 교황을 지옥으로 보냈으니(그것을 소위 "연옥"이라고 주장한들 달라질 것은 없다!), 이는 곧 8절의 말씀이다.

『**내가 내 형제들에게는 낯선 사람이 되고 내 모친의 자녀들에게는 외국인이 되었나이다. 주의 전을 위한 열성이 나를 삼켰으며 주를 비방하는 자들의 비방이 내게 떨어졌나이다**』(시 69:8,9).

마리아는 적어도 여섯 명의 자녀를 낳았다(막 6:3). 『**내 모친의**

자녀들』을 주목하라! 주께서 "사랑하시는" 사도가 9절의 말씀을 주 예수 그리스도께 적용하는 기록을 남겼기 때문에(요 2:17), 8절에서 언급하는 사람이 누구인지 알 수 있을 것이다. 하나님께서 카톨릭 교회를 성경적 진리로부터 완전히 단절시키신 이래로(A.D. 500), 8절의 말씀은 종교 지정학자로 취임했던 모든 교황들이 뻔뻔한 거짓말쟁이라는 사실을 잘 드러내고 있다.

구약성경은 이방인들을 멸망시키기 위해 기록되었다.

신약성경은 유대인들을 멸망시키기 위해 기록되었다.

유대인들이 신약성경에서 요한복음 14:9이나 6:58을 만났을 때, 뇌성마비가 되어 버린다는 사실을 주목하라. 화에 못 이겨 "발작 직전"까지 가는 것이다! 그 구절들은 하나님의 "메시아"를 거절한 모든 유대인에게 반감을 갖게 하고, 그들을 속이고 저주하기 위해 기록되었다(행 2장). 실제로 이 구절들은 그 목적을 달성했다. 지금까지도 계속해서 목적을 달성해 왔을 뿐 아니라, 앞으로도 그 목적을 달성할 것이다.

하나님의 책은 『**망치**』(렘 23:29)일 뿐 아니라, 『**불**』(렘 23:29), 『**막대기**』(전 12:11), 『**칼**』(히 4:12)이며, 『**마음의 생각들과 의도들을 판별**』(히 4:12)하기까지 한다. 일종의 수소폭탄이기도 하다. 하나님께서는 몇 달 후에 그 수소폭탄을 터뜨리시기 위해 B.C. 1500년으로 되돌아가시어 그것을 설치하셨다.

상원의원, 대통령, 빌더버거, 하원의원, 3국위원회, 미국외교위원회, 로마클럽, 미국국세청, 미국역사기록협회, 미국연방비상관리국, 미국마약단속국, 미국연방수사국, 미국교육협회, 로마카톨릭, EU 가운데, 앞서 기록한 여섯 개의 문단 중 한 단어라도 믿는 사람은 아무도 없다. 그들은 모두 나와는 정반대 편에 도박을 걸었던 것이다. 내가 한 일이라고는 역사적 사실들이 기록된 유대인의 책에서 몇몇 내용을 다시 쓴 것밖에는 없다.

UN이 불에 탈 때, 동시에 책도 불타게 될 것이다(행 19:19). 세계 기네스북에 오를 만한 한 사건이 다가오고 있는데, 이는 2,300만 권의 책들이 한 번에 연기 속에 사라져버리는 것을 본 사람이 지금까지 아무도 없기 때문이다. 그러나 그 일은 반드시 일어날 것이다! 대환란에서 살아남았거나, 천년왕국에서(눅 19:11-27) 통치하기 위해 그리스도와 함께 돌아오는 사람들(계 19:10-18, 유 1:14,15)은 2,300만 권의 책들이 연기 속에 사라져 버리는 장면을 목도하게 될 것인데, 이는 마치 출애굽 당시의 불붙은 시내 산의 모습을 방불케 할 것이다(출 19장).

그리고 오직 한 권의 책만이 남게 될 것이다(마 24:35). 그 책은 바로 『**주의 책**』(사 34:16)이다.

그 책은 『**불탄 냄새**』 없이 『**불타는 뜨거운 용광로**』에서도 살아남은 책이다(단 3:27). 『**주의 말씀들은 순수한 말씀들이라. 흙 도가니에서 단련되어 일곱 번 정화된 은 같도다**』(시 12:6). 『**주의 말씀은 영원토록 남아 있음이라**』(벧전 1:25).

자, 당신은 어느 편에다 걸겠는가? 그리고 모두 걸었다면, 이제부터 당신이 이행해야 할 몇 가지 "그날의 지침사항"을 전달해 줄 것이다. 그러면 당신은 이렇게 물을 것이다. "누가 전달해 준다고요? 당신 말입니까? 당신은 고물상의 개인데, 우리에게 지침사항을 전달해 준다고요?" 그렇다. 그리고 당신은 글자 그대로 그 명령들을 실행해야 한다.

"오, 그래요? 그렇다면 구체적으로 누구한테 명령을 전달해 줄 거죠? 도대체 당신이 말하는 그 '대상'이 누군 거죠?"

"내가 말하는 '대상'은 당신을 포함하여 성경의 말씀들에 대해 귀머거리와 장님이 된 이 땅에 사는 모든 사람들이다."

자, 준비되었는가? 여기에 당신이 받아야 할 명령들이 있는데, 이는 성경을 150번 이상 확인해 본 "고물상의 개"로부터 나온 것이다. 이 개는 오래되고, 구식인 데다, 낡아빠진, 곧 400년 넘게 시대에 "뒤떨어진" 한 권의 책을 발견하고는 그의 주인에게 가지고 갔다. 그리고 그 주인께서는 그 책을 그 개에게 읽어 주셨다(계 5장).

당신은 다음에 나오는 말씀들을 즉시로 이행해야 할 것이다. 추가적인 공지나 질문사항이 없다면, 결코 지체하지 말고 실행하라.

『그는 재를 먹고 살며, 미혹하는 마음이 그를 이탈시키니 그가 자기 혼도 구원하지 못하며 "내 오른손에 거짓이 있지 않느냐?"고 말하지도 못하는도다』(사 44:20).

『너희 모두는 모여서 들으라. 그들 가운데서 누가 이 일들을 선포하였느냐? 주께서 그를 사랑하셨으니 그가 바빌론에서 그의 기쁨을 행할 것이며, 그의 팔이 칼데아인들 위에 있으리라』(사 48:14).

『네 통치자들은 거역을 잘하며, 도둑들의 동료라. 모두가 선물을 사랑하며 상을 좇아다니는도다. 그들은 아비 없는 자를 판결하지 아니하며 과부의 송사가 그들에게 오지 않게 하는도다』(사 1:23).

『백성이 제사장과 마찬가지일 것이며 종이 주인과 마찬가지일 것이요, 여종이 여주인과 마찬가지일 것이며 사는 자가 파는 자와 마찬가지일 것이요, 빌려 주는 자가 빌리는 자와 마찬가지일 것이며 이자를 받는 자가 이자를 그에게 내는 자와 마찬가지일 것이라』(사 24:2).

『모든 민족들을 함께 모이게 하고 백성들을 집결하게 할지니 누가 그들 가운데서 이것을 선포하며 이전 일들을 우리에게 보이겠느냐? 그들로 그들의 증인들을 내세워 자기들이 정당하다고 증거케 하거나 듣는 자들로 "그것이 사실이라."고 말하게 하라』(사 43:9).

『백성을 모으고 회중을 거룩케 하며 장로들을 소집하고 아이들과 젖먹이들을 모으라. 신랑으로 그의 방에서 나오게 하며 신부도 그녀의 골방에서 나오게 하라』(욜 2:16).

『내가 또한 모든 민족들을 모아 그들을 여호사밧 골짜기 아래로 데려와서 거기서 그들과 더불어 내 백성과 내 유업 이스라엘을 위하여 변호하리라. 그들이 이스라엘을 민족들 가운데 흩뜨리고 나의 땅을 나누었고... 너희 모든 이방들아, 모여서 오라. 다 함께 주위에 모이라. 오 **주**여, 주의 용사들로 그곳으로 내려오게 하소서』(욜 3:2,11).

『그러므로 그들이 하나님께 말하기를 '우리를 떠나가소서. 우리가 주의 길의 지식을 기뻐하지 아니하나이다. 전능하신 분이 무엇이기에 우리가 그를 섬겨야 하리이까? 우리가 그분께 기도한들 무슨 유익을 얻으리이까?' 하는도다』(욥 21:14,15).

『인자야, 보라, 이스라엘 집에 속한 자들이 말하기를 "그가 보는 이상은 여러 날 후의 것이며 그가 먼 때를 예언하는도다." 하나니』(겔 12:27).

『그러므로 주 **하나님**이 이같이 말하노라. 너희가 모두 찌꺼기가 되었으니, 보라, 그러므로 내가 너희를 예루살렘 가운데로 모으리라. 그들이 은과 놋과 철과 납과 주석을 용광로 가운데로 모아 그 위에 불을 불어넣어 녹이는 것같이 내가 너희를 나의 성냄과 분노 속에 모아 너희를 거기에 남겨 두고 녹이리라』(겔 22:19,20).

『고관들과 총독들과 군대 대장들과 재판관들과 재무관들과 자문

관들과 법률가들과 각 지방의 모든 치리자들이 느부캇넷살왕이 세운 형상의 낙성식에 함께 모여서 느부캇넷살이 세운 형상 앞에 서니라』(단 3:3).

『그러나 내가 역경에 처하자 그들이 기뻐하고 함께 모였으며 정녕, 내가 알지 못하는 사이에 비열한 자들이 나를 대적하여 함께 모여 나를 찢기를 쉬지 않았나이다』(시 35:15).

『악인들과 죄악을 행하는 자들과 함께 나를 데려가지 마소서. 그들이 자기 이웃들에게 화평을 말하나 그들의 마음속에는 해악이 있나이다』(시 28:3).

『그들이 하나님께 말하기를 '우리를 떠나소서.' 하였으니 전능하신 분께서 그들을 위하여 무엇을 하실 수 있겠느냐?』(욥 22:17)

『먼저 알 것은 이것이니 마지막 날들에 조롱하는 자들이 와서 그들의 정욕대로 행하며』(벧후 3:3).

『선지자들은 거짓되이 예언하고 제사장들은 그들의 권력으로 다스리며 내 백성은 그렇게 하는 것을 사랑하니 그 마지막에는 너희가 어찌하려느냐?』(렘 5:31)

저기 목표 지점이 있다! "장전, 준비, 발사! 발사, 대기, 다시 발사!

조준 정렬 하라." 나는 명령했다. "발사, 대기, 다시 발사!"(슥 12:3, 사 13:4).

그래 잘 했군! 자네가 해 낼 줄 알았어. 늙고, 백발에, 배는 올챙이 배인 데다, 반 장님이기까지 한 "고물상의 개"의 명령에 따르는 것을 보니 참으로 기쁘군! 정말이지 자네가 해 낼 줄 알았어. 성경의 저자께서도 이미 알고 계셨다네!

그분께서는 B.C. 800년에 자네가 해 낼 줄 이미 알고 계셨어.

"2,300만 권 중에서 단 한 권." 자, 잠시 그 한 권에 대해 생각해 보라.

생각해 보았는데도, 이 책이 코란이나 탈무드와 비슷하다고 여길 만큼 여전히 어리석은 생각이 든다면 다시 대열로 돌아가라. 그러면 당신이 원하든 원치 않든지, 나는 또다시 당신에게 무엇을 해야 하는지 알려 줄 것이다. 그리고 어떻게, 언제, 어디서, 왜 그것을 해야 하는지도 반복해서 알려 줄 것이다. 그렇게 하면 당신은 내 명령들을 마지막 "일점 일획"(마 5:18)까지 따르게 될 것이다.

그렇게 하지 않을 거라면, 전능하신 주 하나님께서 말씀하신 대로 『**하나님을 만날 준비를 하라**』(암 4:12).

세상은 어떻게 해서든지 이 역사책을 제거하려고 하지만, 성경은 『**하늘과 땅은 없어져도 내 말들은 결코 없어지지 아니하리라.**』(마 24:35)고 말씀한다.

당신이 제거할 수 없는 두 가지가 있으니, 곧 "성경"과 성경을 기록한 "유대인들"이다(롬 3:2).

『**나는 주이므로 변경하지 아니하노라. 그러므로 너희 야곱의 아들들은 소멸되지 아니하느니라**』(말 3:6).

2,300만 권의 책들은 이 두 개의 성경 구절을 부인하거나 무시한다. 아예 언급하기를 거부하기도 하고 심지어 그 구절들을 제거하기까지 한다. 그러나 2,300만 권의 책들은 결코 성경의 적수가 될 수 없다. 성경의 저자께서는 12시간 내에 185,000명을 죽이실 수 있는 분이시고(왕하 19:35), 2시간 이내에 2억 명을 죽이실 수 있는 분이시기 때문이다(계 9,16장).

자, 여기에 한 권의 책이 있다. 이 책은 다름 아닌 역사책이다.

이 책은 현존하는 모든 책들 중에서 유일하게 무오한 역사책이다. 이 책과 경쟁할 만한 책은 이 세상에 단 한 권도 없다.

제 8 장

피에 젖은 성경 대 "경건한" 죄인들

자, 2,300만 권이 넘는 책들 가운데 한 권의 책이 여기에 있다. 무수히 많은 책들(전 12:12) 중에 한 권이 있는 것이다. "종교 서적"이라 불리는 몇몇 다른 책들처럼, 이 책도 그 기원이 창조주 그분 자신으로부터 비롯되었다고 공언한다. 즉 이 책의 원저자가 "하나님"이시라고 스스로 주장하는 것이다. 『**내가 그를 위하여 내 율법의 많은 것들을 기록하였으나 그것들이 이상한 것으로 여겨졌도다**』(호 8:12). 『**주께서 모세에게 말씀하시기를 "너는 산으로 내게 와서 거기에 있으라. 내가 너에게 내가 기록한 돌판들과 율법과 계명들을 주어 너로 그들을 가르치게 하리라." 하시니라**』(출 24:12). 『**그 돌판들은 하나님의 작품이요 그 쓰신 것도 하나님께서 돌판에 새겨서 쓰신 것이라**』(출 32:16). 과연 이것이 사실인가 아닌가?

사실 나 같은 책벌레에게는 "이러한 질문"이 주식시장이나 국가경제, 국제무역 또는 우주탐험의 영역에서 어떤 일이 일어날지 예측하는 문제보다 훨씬 더 중요한 질문이다. 또는 "엘리자베스 테일러 같은 배우들이 다음엔 누구랑 결혼할지," "힐러리가 임기가 끝난 후에도 자기 애인과 계속 놀아날는지," "교황이 낙태와 동성연애자에 대해 뭐라고 얘기할지" 등과 같은 잡스러운 질문들보다 훨씬 중요한 질문이다. "이 중요한" 질문과 비교해 볼 때, 미식축구나 아이스하키 또는 프로야구 우승결정전 같은 것들은 북미지역에서 가장 높은 맥킨리 산 옆의 모래 언덕정도밖에는 안 된다.

솔직한 생각으로, UN이 1950년 이래로 지금까지 논의해 왔거나 향후 10년간 논의할 문제들은 "이 중요한 질문"과 비교해 볼 때 전혀 중요하지 않은 하찮은 것들에 불과하다. "하나님께서 책을 쓰신 적이 있는가? 있으시다면 그 책은 어디에 있는가?"

"이 질문"과 비교해 볼 때, 종교, 교회, 신앙, 성사들, 세계 평화, 평화를 유지하는 방법, 환경문제, 자연재해뿐만 아니라 심지어 전쟁이나 혁명에 관한 문제까지, 이런 것들은 거의, 아니 전혀 중요하지 않다. "시민의 권리," "인간의 권리," "여성의 권리," "동성연애자의 권리" 등과 같은 어린애 장난 짓들은 직업, 가족, 동호회, 남학생 또는 여학생 동아리, 군사체제, 지역사회, 학교 등을 와해시키기 위한 정치적인 술책들에 불과하다. 정말이지 이런 것들은 어떤 사회에서 생산적이든, 계몽적이든, 진보적이든, 무슨 이로운 것을 양산해 내는

데 전혀 중요하지 않다.

어쩌면 나는 나의 "가치들"을 정립함에 있어서 다소 균형을 잃고 있는 것인지도 모른다. 그러나 『**진리**』에 관하여 빌라도가 했던 질문(요 18:38)을 시작한 이래로, 나는 내 혼을 산산조각 내는 오직 하나의 생각에 사로잡혀 왔다. 빌라도는, 자기 자신을 『**진리**』라고 주장하시고(요 14:6) 이 땅에 온 유일한 목적이 『**진리를 증거**』하는 것이라고 말씀하신(요 18:37) 한 분을 만난 후에 이 질문을 했었다.

『**진리**』를 찾는 죄인이라면 누구나 철저한 조사 없이 이러한 진술들을 받아들이는 일이 어렵다고 느낄 것이다.

과격하고 혁명적이며 광신적이고 지나치게 열성적인 "종교의 창시자"께서는 그분 자신이 『**진리**』라고 말씀하셨다. 또한 그분의 말씀들과 그분의 아버지의 말씀들 역시 진리라고 말씀하셨다. 이는 예수 그리스도께서 『**성경**』이라고 부르신 것이 곧 누군가에 의해 기록된 진리의 말씀들이라는 사실을 의미한다(히 10:7,8, 요 10:35, 마 22:29).

『**하나님께로부터 나온 사람은 하나님의 말씀들을 듣느니라. 너희는 하나님의 말씀들을 듣지 아니하나니, 이는 너희가 하나님으로부터 나오지 않음이라."고 하시니라**』(요 8:47).

『**성경을 상고하라. 이는 너희가 성경에 영생이 있다고 생각함이**

니, 그 성경은 나에 관하여 증거하고 있음이라... 너희가 모세를 믿었다면 나를 믿었으리니 이는 그가 나에 관하여 기록하였기 때문이라. 그러나 만일 너희가 그의 글들을 믿지 않는다면 어떻게 나의 말들을 믿겠느냐?"고 하시니라』(요 5:39,46,47).

『선지서들에 기록되기를 '그들이 모두 하나님께 가르침을 받으리라.'고 하였으니, 아버지께로부터 듣고 배운 모든 사람들은 내게로 오리라』(요 6:45).

『예수께서 그에게 대답하여 말씀하시기를 "기록되었으되 사람이 빵으로만 사는 것이 아니요, 하나님의 모든 말씀으로 사느니라."고 하시더라... 예수께서 그에게 대답하여 말씀하시기를 "사탄아, 내 뒤로 물러가라. 기록되었으되 '너는 주 너의 하나님께 경배하고 오직 그분만을 섬기라.'고 하였느니라." 하시더라... 예수께서 대답하여 그에게 말씀하시기를 "말씀하셨으되 '주 너의 하나님을 시험하지 말라.'고 하였느니라." 하시니』(눅 4:4,8,12).

『예수께서 대답하여 그들에게 말씀하시기를 "너희가 성경도, 하나님의 능력도 모르므로 오해하고 있도다』(마 22:29).

과연 예수 그리스도께서는 거짓말쟁이이셨는가 아니면 단지 속으신 것인가?

제3의 출구가 필요한가? 그렇다면 원숭이 인간 세믈러(1725-1791)를 찾아가라. "동전의 앞면이냐 뒷면이냐." 둘 중 한쪽에 걸기를 거부하라. 상대주의자가 되라. 제3의 "선택"이 있다고 생각하라. 그러면 예수 그리스도를 "거짓말쟁이"나 "돌머리"라고 부를 일이 없을 테니까. 냉정하게 말해 보라. 신학원 과정도 마쳤으니 얼마나 똑똑한지 보여 주라. 당신이 날조한 번뜩이는 이야기들에 감탄하고 존경을 표할 수 있게 해 보라. 세믈러는 200년도 더 전에 예수 그리스도께서는 속지 않으신 게 분명하다고 말했다. 그러나 예수 그리스도께서는 지상에서 사역하셨던 그 시대보다 훨씬 앞서 계셨다. 더군다나 거짓말 같은 것은 생각조차 하지 않으셨다!

천천히 물을 뿌리면서 지나가는 물자동차를 보고 물이 샌다고 생각한 나머지 그 사실을 말해 주려고 그 차를 따라갈 정도로 멍청했던 세믈러에 따르면, 예수 그리스도께서는 실제로 청중들의 지적 수준에 "맞추어" 행동하셨다고 한다. 주께서는 자신이 청중들 모두보다 뛰어나다는 사실을 알고 계셨다. 그래서 "다른 사람들의 필요"에 가능한 한 "민감"해지길 원하셨다는 것이다. 말하자면 예수 그리스도께서는 청중들의 미신과 무지(예를 들면, 하늘과 지옥, 마귀와 더러운 영, 사탄과 하나님, 기적과 예언이 존재한다는 청중들의 믿음)의 수준에까지 자신을 낮추심으로써, 청중들의 용어와 정의가 모두 실제 개념이나 사실적인 설명이 아니라는 사실을 아셨으면서도 이것들을 계속해서 사용하셨다는 것이다.

이런 종류의 "경건한" 거짓말을 소위 "적응이론"(The Accommodation Theory)이라고 한다. 이 이론은 오늘날 펜사콜라기독대학 및 신학대학, 하워드신학원, 저드슨신학원, 스테트슨신학원, 무디성경신학원, 침례교성서신학교, 휘튼대학, 밥존스대학, 시더빌대학, 리버티대학, 풀러신학대학, 테네시템플대학교, 딘버간학회 그리고 그 외 이와 비슷한 "경건한" 학교들에서 주로 발견된다.

그러나 나는 그들과 같이 될 바에는 오히려 "거짓말쟁이"나 "얼간이"가 되는 편이 훨씬 좋다.

알다시피 나는 남침례교의 "시골 촌뜨기"이고, 거리 설교자이며, 교도소 부흥사이다. 전직으로는 바텐더, 디스크자키, 구조대원, 하키 골키퍼, 비무장 전투의 훈련교관, 숭어 낚시꾼이었다. 난 이론적인 명제들이나 추측들 또는 본 적도 읽은 적도 없는 "축자적으로 영감받은, 무오한 원본들"을 만지작거리느라 시간을 낭비하고 싶지 않다. 물론 내게는 누구나 자기가 믿음의 근거로 삼고 있는 것보다 더 나은 것을 얻을 수 있다는 사실을 믿을 만큼 충분한 믿음이 있다. 또한 내 명제들이 명쾌하고 수정처럼 선명하면서, 접시 중앙에 똑바로 놓여 있고 먹기에 알맞은 높이로 제시되기를 원한다. "만약에"라든지 "그러나," "그렇지만," "아마도," "추측컨대," "매우 그럴듯한"과 같은 말들을 덧붙이지 않고 말이다.

과연 예수 그리스도께서는 거짓말쟁이이셨는가 아니면 단지 속으신 것인가?

공을 피하지만 말고 과감하게 붙잡아라. “골문을 지키고” 있는 사람이라면, 당연히 “날아오는 공”을 피하지 말고 잡을 수 있어야 한다.

만일 예수 그리스도께서 『**성경**』이나 자신이 하셨던 말씀들에 관하여 이야기하실 때마다 매번 진리를 말씀하셨다면, 이것은 은하계, 성단, 성운, 태양계, 지구 그리고 인간을 포함하여 지구상에 있는 모든 것을 만드신 분께서(막 13:19, 마 19:4) “인간”이 듣고 읽어야 할 그 말씀들을 인간의 손이 닿는 곳에 두셨다는 것을 의미한다(행 17:28,31). 이것은 또한 당신과 내가 우주를 만드신 하나님의 마음 속에 있는 것이 무엇인지 발견할 수 있다는 것을 의미하며, 실제로 우리가 알 필요가 있는 모든 것을 알려 줄 수단인 인간의 언어, 곧 “말들”을 통해 하나님으로부터 나오는 지시사항들을 받을 수 있다는 것을 의미한다.

말하자면 이것은 어떤 사람이라도 자신이 어디에서 왔는지, 이 땅에 있는 동안 무엇을 해야 하는지, 무엇을 하면 안 되고 또 말해서는 안 되는지, 미래를 대비하려면 어떻게 해야 하는지 그리고 자신의 미래가 어떻게 될 것인지에 관하여, 해가 지면 다시 해가 뜨듯이 아주 분명하게 알아낼 수 있다는 뜻이다. 만약 실제로 존재하시는 어떤 “하나님”께서 그런 책을 쓰셨다면, 그분께서는 우리에게 이상 언급한 것들 이외에 더 많은 것들도 알려 주실 수 있을 것이다. 이 책에는 미래에 일어날 일들이 500구절 이상 들어 있으며, 단어들로 보면 10,000개가 넘는다.

과연 하나님께서 그 책을 쓰셨는가, 쓰지 않으셨는가? 설령 하나님께서 그 책을 쓰신 게 아니라 하더라도, 그 책을 쓴 존재가 누구였든지 그 역시 하나님처럼 그 일이 일어나기 100년에서 3,000년 전에 무슨 일이 어디에서 어떻게 발생할 것인지에 관하여 500가지 이상의 세부사항을 알고 있었어야만 한다. 과연 그런 존재가 지구상에 어디 있겠는가? 당신 친구들 가운데서 볼 수 있겠는가? 아니면 어떤 유명한 학자가 그렇게 할 수 있겠는가? 아니면 "럭크만"이 쓰는 고약하고 천박한 언어를 사용하지 않는, 그러니까 선하고, "경건하며," 영적인 어떤 "그리스도인"이 그 일을 할 수 있겠는가?

아무리 높은 점수를 준다 해도 그런 책을 썼을 리 만무한 몇몇 사람들을 소개하면 다음과 같다.

마호메트	칼릴 지브란
노스트라다무스	진 딕슨
M.B.P. 에디	블라바츠키 부인
W.C. 리드비터	에밀 캐디
조 스미스	모로나이
토마스 헉슬리	교황 요한 바오로 2세
교황 피오 7세	교황 바오로 6세
라스푸틴	아인슈타인
지그문트 프로이트	찰스 다윈
짜라투스트라	공자

노자	라마크리쉬나
H.G. 웰즈	스핑크스
칼 마르크스	어떤 컴퓨터

이상 제시된 명단 중 그 누군가가 예언에 관하여 어쩌다 "정확히 말했다" 할지라도, 그것은 하나님께서 기록하신 성경에서 그와 관련된 구절을 슬쩍 빼온 것이거나(마호메트는 코란을 말할 때 여러 번 이런 짓을 했다) 아니면 추측한 것이 운이 좋게도 성경의 500개 이상의 예언 목록 중 한두 가지 사실에 적중한 것이었다.

이것은 내가 24,000권 이상의 책을 "꾸준히 읽은" 후에 개인적으로 알아낸 것이다. 국회 도서관에 있는 나머지 22,975,200권의 책들도 모두 읽었다면 또 다른 결론에 도달했을지도 모르지만, 분명 그럴 리는 없을 것이다. 힌두교, 회교, 불교, 카톨릭에서 "역사적인 예언들"을("역사적인"이라는 단어에 유념할 것) 다루는 내용들은 전체 분량이 200쪽도 채 안 되는 책 두 권으로도 쉽게 담을 수 있다. 카톨릭의 경우를 보면, 그들은 예언의 50%를 유대인에게 주어진(롬 3:2) 말씀들에서 가져왔는데, 이는 그들이 위조한 이그나티우스 서신이 일반 대중들의 헬라어에서 "카톨릭"이라는 단어를 빌려 쓰기 100년도 더 전의 일이다(피터 S. 럭크만의 〈신약교회사〉 참조).

그래서 사람들은 이 부분에서 아무도 은근슬쩍 넘어갈 수 없는 난관에 봉착하게 되는데, 곧 성경의 예언들을 지금 고려해 볼 것인지, 아니면 큰 백보좌 심판 때까지 기다릴 것인지 결정해야 하는 것이다(롬 3:3,4, 요 7:16,17; 12:47,48).

길은 막혀 있다. 하나님께서 자신의 말씀들로 채워진 한 권의 책을 쓰셨는가? 그것이 사실이라면 오늘날 그 사본을 구할 수 있는 사람은 누구인가?

만일 하나님께서 그런 책을 쓰셨다면, 그 책은 어디에 있는가? 하나님께서 잃어버리셨는가?

절대적인 힘을 지니신 전능하신 하나님께서 어떤 무기물에, 곧 그것이 책이든지 사람이든지(창 2:7), 자신의 호흡(욥 32:8; 33:4, 겔 37:4-14)을 불어넣으시어 생명이 있도록 만드셨다면, 그것을 보존하실 능력도 없으시겠는가?

아담의 불멸성은 그가 하나님께 순종하는가에 달려 있었지, 그를 계속 살아 있게 하실 수 있는 하나님의 능력에 달려 있는 게 아니었다. 물론 하나님께서는 아담을 영원히 살아 있도록 하실 수 있었다(창 2:9,16; 3:22). 심지어 아담이 스스로를 파멸시킨 이후에조차, 하나님께서는 그가 자신의 "잃어버린 땅"(히 2:6-9)을 회복할 수 있는 방법을 마련해 주셨다(창 3:15,21). 궁극적으로 아담은 하나님께서 창조하셨을 때와 똑같은 상태로 그 땅을 다시 얻게 될 것이다. 이사야는 이 내용을 그것이 이루어지기 2,600년도 더 전에 예언했다.

『이새의 줄기에서 한 싹이 나며 그의 뿌리들에서 한 가지가 자랄

것이라. **주**의 영이 그의 위에 머물리니 지혜와 명철의 영이요, 계획과 능력의 영이며, 지식과 **주**를 두려워하는 영이라. **주**를 두려워하는 가운데 그를 속히 명철케 하리니 그는 자기 눈으로 보는 대로 판단하지 아니하고 귀로 듣는 대로 책망하지도 아니하나, 가난한 자를 의로 판단하며 세상의 온유한 자를 위해서는 정직으로 책망하리라. 또 그는 그의 입의 막대기로 세상을 치고 자기 입술의 호흡으로 악한 자를 죽일 것이라. 의가 그의 허리띠가 되며, 신실함이 그의 옆구리의 띠가 될 것이니라. 또한 이리가 어린양과 함께 거하며 표범이 새끼 염소와 함께 누울 것이요, 송아지와 어린 사자와 살진 짐승이 함께하며 어린아이가 그들을 이끌리라. 암소와 곰이 함께 먹으며 그것들의 새끼들이 함께 누울 것이요, 사자가 소처럼 짚을 먹으리라. 또 젖먹는 아이가 독사의 구멍에서 장난하며, 젖뗀 아이가 독사의 굴에 손을 넣으리라. 그들은 나의 모든 거룩한 산에서 해치거나 파괴시키지 않으리니 이는 마치 물들이 바다를 덮음같이 세상이 **주**의 지식으로 충만할 것임이니라. 그 날에 이새에게서 한 뿌리가 있어 백성의 깃발로 서리니 이방인들이 그것을 찾을 것이며 그의 머무는 자리가 영화로우리라』(사 11:1-10).

『피조물이 간절한 기대를 가지고 하나님의 아들들이 나타날 것을 기다리고 있으니 피조물이 허무한 데 굴복하는 것은 자의가 아니요, 오직 소망 가운데 그것들을 굴복케 하시는 그분 때문이며 피조물 자

체도 그 썩어짐의 속박으로부터 해방되어 하나님의 자녀의 영광스러운 자유에 이를 것이기 때문이라. 모든 창조물이 이제까지 함께 신음하며 고통받는 것을 우리가 아노니』(롬 8:19-22).

『**그 날에 내가 무너진 다윗의 장막을 일으키고 그 틈을 막으리라. 또 내가 그의 폐망을 일으켜 옛날처럼 세우리니 그들이 에돔의 남은 자와 나의 이름으로 불려지는 모든 이방의 남은 자를 차지하리라. 이 일을 행하는 주가 말하노라. 주가 말하노라. 보라, 그 날들이 이르리니 밭 가는 자가 추수꾼을 앞서며 포도를 밟는 자가 씨 뿌리는 자를 앞서리라. 산들은 단 포도주를 떨어뜨릴 것이요, 모든 작은 산들은 녹으리라. 내가 내 백성 이스라엘의 사로잡힌 자를 다시 데려오리니 그들이 황폐한 성읍들을 세워 그곳에 거주할 것이요, 또 그들이 포도원들을 만들어 그 포도주를 마시겠고 그들은 또한 정원들을 만들어 그 열매를 먹으리라. 내가 그들을 그들의 땅에다 심으리니 그들이 다시는 내가 그들에게 주었던 그들의 땅에서 뽑히지 아니하리라. 주 너의 하나님이 말하노라**』(암 9:11-15).

그리스와 로마의 "신비 종교들"의 창시자들, 지도자들, 종사자들, 신봉자들은 이 땅에서의 인간의 미래에 대해 전혀 알지 못했다. "아틀란티스인들," "레무리아인들," "티베트 승려들," 이집트와 바빌론 "신비 종교들"의 제사장들도 마찬가지였다. 그래서 오늘날 진리를 찾고 있는 어떤 사람이 그러한 “실정”에 대하여 누군가에게 알려 주려면 어떻게 해야 하는지 또는 “책이 너덜너덜해질” 만큼 충분히 오랫동안 그들의 자료를 연구하려면 어떻게 해야 하는지, 그것 자체가 “신비”인 것이다.

아폴로 신전의 신탁과 스핑크스는 빌 클린턴이 백악관 법률 고문이었던 빈스 포스터의 죽음에 관해 설명했던 정도로만 심오하고 정확할 뿐이다.

부처, 마호메트, 시바, 칼리, 크리슈나, 브라마 등은, 여행자들이 인도, 아라비아, 페르시아, 터키, 아르메니아 등의 지역을 여행하고서 “자료들”(성경, 성경 사본, 필사본, 설교문 등)을 가져다 주지 않았다면, B.C. 2000년에서 A.D. 3000년 사이에 일어날 어떤 일에 대해서도 언급하지 못했을 것이다. 이 모든 종교적인 멍청이들은 철학적 추측과 도덕적 담화(인본주의적인 “몽상적 사회개혁”)와 같은 몽상의 세계에서 살다가 죽었다. 그들이 설정한 가상적인 상황들과 깨달았다고 하는 모호한 가르침들은 자기들이 죽기 이전이나 이후에 “역사적으로” 일어날 일들에 관하여 그 어떤 것도 사람들에게 알려 줄 능력이 없었다는 사실을 보여 줄 뿐이다. 결국 그들의 진정한 본질만 드러나게 되었으니, 곧 눈먼 장님들이었던 것이다. 그것도 “흙의, 흙에 의한, 흙을 위한” 장님들, 『**흙으로 만들어**』진 존재(고전 15:47) 이외에 아무것도 아니었다.

인간이 만든 종교들(유대교, 불교, 마호메트교, 개신교, 카톨릭, 도교, 신도, 인본주의, 사회주의, 공산주의, 관념론, 현실주의, 실용주의, 실존주의 등)은 모두 "종교적인" 생각들로 가득 찬, 일종의 깨끗하게 씻어 놓은 쓰레기통들에 불과하다. 그 안에는 어떤 역사적인 현실들도 들어 있지 않다. 말하자면 성경이 고대 종교적인 신화와 전설에서 "빌려와" 만든 것이라고 주장하는 그리스, 로마, 이집트, 바빌론 식의 헛소리는 모두 아무런 증거가 없는 것이다.

어떤 공인된 의사가 그리스, 앗시리아, 중국, 일본, 이집트, 로마, 크레타, 미노스, 바빌론 "신"의 "동정녀 탄생" 사건에 대해 문서로 기록한 적이 있는가? 하나도 없다.

그리스, 로마, 미노스, 크레타, 이집트, 앗시리아, 필리스타인, 중국, 인도, 바빌론 "신"의 "부활"을 본 적이 있는 목격자가 얼마나 되는가? 단 한 명도 없다.

로마, 그리스, 바빌론, 이집트, 노르웨이, 인도, 앗시리아, 미노스, 아즈텍 신화의 『**신들**』(시 82편)은 아무것도 예언하지 못했다. 설령 B.C. 4년에서 A.D. 3000년 사이에 일어날 사건과 관련해서 다곤, 바알, 아폴로, 머큐리, 헤르메스, 주피터, 이슈타르, 마르스, 아수르, 엘, 아누, 벨, 아오신, 사마스, 빈, 몰렉, 티폰, 데바타, 닝 상, 오딘, 아멘-아텐, 이시스, 오시리스, 세크메트, 니누, 비슈누, 크로노스 등이 예언한 예언들을 모두 모은다 할지라도, 조간신문 제1면을 채울 만큼의 자료도 얻지 못할 것이다.

그 멍청한 바보들은 자기들이 "끝장나기" 전에 어떻게 끝낼 것인지조차 말해 줄 수 없었다. 그들의 예언들은 마치 카지노의 "주사위 게임"과 비슷하다. "지게 될 확률"이 너무도 높은 것이다. 그들은 "모호한 것들로부터 솟아나와 곧장 망각의 늪으로 뛰어든 존재들"이었다. 그들을 믿은 얼간이들은(예를 들면, 탈레스, 피타고라스, 소크라테스, 플라토, 호머) 환생에 관한 살아 있는 증거들이었다. 단 한 번밖에 살 수 없는 생애에서 이들만큼 바보처럼 살았던 사람도 없을 것이다. B.C. 1800년경에 살았었던 욥이 A.D. 1800년경에 살았던 임마누엘 칸트보다 미래에 관해 더 많은 것을 알았었다.

주 예수 그리스도께서 행하신 기적들과 말씀하신 예언들을 목격했던 수많은 증인들에 관한 한, 소위 "신성하다"고 말하는 그 누구의 문헌이라 할지라도 예수 그리스도와는 비교도 되지 않는다. 예수 그리스도께서는 죽으시기 전에 자신의 죽으심에 대하여 아홉 가지 구체적인 내용들을 말씀하셨다. 주께서 말씀하실 때, 열두 명의 목격자들이 그분을 보고 있었고, 또한 그분의 말씀을 듣고 있었다. 예수 그리스도께서 나타나시기 전에, 사람들의 죄들을 위하여 "십자가에 못박히거나" 죽기로 되어 있는 어떤 "신"이 있다면, 주님께서 하셨던 것처럼 똑같이 하게 해 보라! 예수 그리스도께는 버스 한 대에 탑승해 있는 학생들에게조차 충분치 않은 음식이 든 "빵 바구니"로 친히 5,000명의 사람들을 먹이시는 것을 본 열두 명의 목격자들이 있었다.

앞서 언급한 "신들"이 행한 기적들을 목격했던 증인들은 도대체 어디에 있는 것인가?

『예수께서 고난을 당하신 후 자신이 살아 계심을 그들에게 많은 무오한 증거들로 보여 주시고 사십 일 동안 그들에게 보이시며 하나님의 나라에 관한 일들을 말씀하셨노라』(행 1:3).

『그후에는 오백 명이 넘는 형제들에게 일시에 보이셨는데 그들 중 대부분은 지금도 살아 있으나 더러는 잠들었느니라』(고전 15:6).

사도행전을 기록한 누가가 거짓말을 했겠는가? 바울이 거짓말을 했겠는가? 아니면 당신이 거짓말을 하고 있는 것인가?

만약 누가와 바울이 거짓말을 하지 않았고 예수 그리스도께서도 거짓말을 하지 않으셨다면, 마호메트가 거짓말을 한 것이다. 마호메트는 예수 그리스도께서 결코 죽지 않으셨다고 맹세까지 했다! 무슨 말인지 알겠는가? 마호메트의 "의도"가 무엇인지 파악이 되는가? 이것이 바로 오늘날 세상의 "방식"이다!

만약 예수 그리스도께서 거짓말하지 않으셨고, 마태, 마가, 누가, 요한도 거짓말하지 않았다면, 뉴욕 시내의 UN 빌딩에 있는 당신의 "친구들"이 거짓말을 하고 있는 것이다. 그들은 창조주께서 기록하신 것에 관하여 거짓말을 하면서도, UN의 모든 "친구들"의 회합 장소인 뉴욕 시내에 그것을 가져다 놓았다!("이사야의 벽")

그래서 우리가 다음과 같이 말하게 되는 것이다. 진실로 그 책이 하나님의 말씀이라면(하나님께서는 하나님 자신이 은하계와 성단과 우주의 창조주라고 말씀하셨다), UN이나 유럽연합이 장차 무슨 일을 저지를 것이라고 생각하는가? "평화유지군"은 어떻게 할 것인가? 과연 그들은 스타워즈, 스타트렉, 스타퓨크, 스타블레치, 동성연애자들을 위한 자유와 춤, 흑인들을 위한 긴급 구제, 소수집단 우대정책, 가치 명료화, 행동수정, 칩 이식, 마우스와 소프트웨어, 웹, 인터넷, 복지 정책, 도시 재개발, 인종 통합으로 무엇을 이루어낼 것인가?

결국 이들은 세계대전을 두 번이나 더 일으킬 것이다!(계 6,19장) 이교도들의 수많은 헛소리들은 단지 퇴보를 보여 주는 또 하나의 엄청난 규모의 사례들일 뿐이다. 그들은 창조주가 거짓말쟁이라는 사실을 증명하기 위해 "몽상에 심취한 사회개혁가"로서 행렬을 지어 가두행진을 벌이고 있다.

『하늘들에 앉으신 분이 웃으실 것이요, 주께서 그들을 조롱하시리로다. 그때 그가 진노 가운데 그들에게 말씀하시고 심히 불쾌하여 그들에게 화내시기를 "내가 나의 거룩한 산 시온 위에 내 왕을 세웠도다." 하시리라』(시 2:4-6).

『주가 말하노라. 그러므로 너희는 내가 일어나서 먹이로 삼는 날까지 나를 기다리라. 이는 내 결심이 민족들을 모으는 것임이니 내

가 왕국들을 모아서 그들 위에 내 분노, 곧 나의 모든 격노를 쏟으리라. 이는 온 땅이 내 질투의 불로 삼켜질 것임이라』(습 3:8).

『**인자가 그의 영광 중에 오고, 또 모든 거룩한 천사들이 그와 함께 오면 그때에 그가 그의 영광의 보좌에 앉으리니 그 앞에 모든 민족들을 모아 놓고 마치 목자가 양들을 염소들에서 갈라놓듯이 그들을 따로 갈라놓으리라... 그때에 왕이 왼편에 있는 자들에게도 말하기를 '너희 저주받은 자들아, 내게서 떠나 마귀와 그의 천사들을 위하여 준비한 영원한 불 속으로 들어가라』**(마 25:31,32,41).

방금 읽은 성경 구절들은 그 앞에 열거된 18가지 인본주의 항목들이 직면하게 될 결말이다.

의회 도서관에 있는 2,300만 권(주께서 지체하신다면 2,400만 권)의 책들에 대해서는 이 정도까지만 이야기하자.

한 권의 책이 다른 2,300만 권의 책들의 저자들에게 역사가 어떻게 끝나게 되는지, 그 저자들의 결말이 어떻게 되는지 그리고 그들의 책들은 어떻게 끝나게 되는지(행 19:19)에 대해 이미 알려 주었다.

『**땅의 사방에 있는 민족들, 곧 곡과 마곡을 미혹하려고 나가서 그들을 함께 모아 전쟁을 일으키리니 그 수가 바다의 모래 같으리라. 그들이 땅의 넓은 데로 올라가서 성도들의 진영과 사랑하시는 도성**

을 포위하니, 하늘에서 불이 하나님께로부터 내려와 그들을 삼켜 버리더라』(계 20:8,9).

『이는 하나님께서 선이든 악이든 모든 행위와 모든 은밀한 것들을 심판하실 것임이라』(전 12:14).

『이런 일은 하나님께서 나의 복음대로 예수 그리스도를 통하여 사람들의 은밀한 것들을 심판하실 그 날에 있으리라』(롬 2:16).

『이는 하나님께서 선정하신 그 사람을 통하여 의로 세상을 심판하실 한 날을 정해 놓으시고 그를 죽은 자들로부터 살리시어 모든 사람에게 확증해 주셨음이라."고 하니라』(행 17:31).

정말이지, 만일에 그 책이 거짓말쟁이에 의해 기록된 것이 아니라면 어떻게 하겠는가!

나는 성경이 창조와 생명과 진리와 시간의 창시자에 의해 기록되었다고 생각해 왔다. 이런 생각으로 인해 나는 "역사"에 관한 한 가장 큰 도박꾼들 가운데 하나가 되었다. 즉 나의 혼을 이 한 권의 책에 건 것이다. 그래서 "독특한" 생활방식을 선택하며 살아 왔다. 이 한 권의 책은 정말로 하나님께서 쓰신 책이다. 소크라테스, 플라토, 아리스토텔레스, 아인슈타인, 호킹, 헤겔, 마르크스, 프로이트, 다윈과 그 외의 학자들은 아무런 이유나 논리나 증거도 없이 그렇게 추정한다고 생각할 것이다. 그러나 하나님께서는 그 책을 『**나의 책**』(출 32:33)이라고 부르셨고, 요한은 『**어린양의 생명의 책**』(계 13:8; 21:27)이라고 불렀다. 이것은 확실히 한 권의 책이지, 세 개 대륙에 흩어져 있는 "원본 필사본" 뭉치가 아니다. 원본은 이미 유실되었다.

나는 또한 그런 책에 영감을 불어넣으실 수 있는 하나님이시라면, 당연히 그 책을 보존하실 수도 있는 분이시라고 생각해 왔다. 바르트, 부르너, 틸리히, 니부르, 로버트슨에 따르면, 그렇게 해야 할 아무런 논리적인 이유도 없이 그렇게 추정한 것이라고 생각할 것이다. 그런데 지금 내가 얘기하고 있는 것은 다름 아닌 "그 책"(the Book)이지, 이런 자들이 말하는 소위 하나님의 "말씀"(Word)이라든지 어떤 "메시지" 또는 일련의 "근본사항들"이 아니다. 더욱이 하나님께서는 나를 위해 그것을 보존하셨다가 하나님께서 원하시는 형태로 나에게 주실 수 있다. 하나님께서는 『**영감으로**』(딤후 3:16) 주어진 한 권의 책을 주실 수 있는 것이다. 그 책은 내가 태어나기 이전과 죽은 이후의 삶 그리고 죽음에 관하여 내가 알아야 할 모든 본질적인 내용들을 담고 있다. 하나님께서는 내가 죽은 직후에 일어날 일들을 알게 하셨고(빌 1장, 살전 5장, 고후 5장), 또 죽은 이후 수세기 동안 일어날 일들에 대해서도 알게 하셨다(창세기, 이사야, 시편, 예레미야, 미카, 스카랴 등).

공언하건대, 그러한 책을 바로 내 손에 들고 있는 것이다. 다른

2,300만 권의 책들은 이 책과 "동급"으로 분류할 수 없으므로 당연히 버려야 했다. 버려진 책들 중의 단 한 권도 절대 진리와 최종권위로서 신뢰 할 만한 책은 없었다. 그래서 그러한 책들은 단지 "참고용"으로만 쓰려고 한쪽으로 치워 놓았다. 물론 그 책들을 "사용"할 수는 있다. 마치 모든 배교자들이 〈킹제임스성경〉을 "사용"하는 방법에 관해 허풍을 떨면서 "사용"이라는 용어를 쓰듯이 말이다. 그러나 그 책들은 나의 이 한 권의 책과 동급에 들지 못했다. 왜냐하면 그런 책들은 "사실이 아닌 것으로 판명"되었기 때문이다. 예언에 관한 시험에서 "불합격" 판정받은 것이다. 정말이지 형편없을 정도로 완벽한 불합격이다. "아슬아슬하게" 불합격한 것도 아니다. 그러한 책들은 이탈리아 로마 광장의 무솔리니나 남미의 가이아나 정글에서 집단 자살을 부추긴 짐 존스처럼 완전히 실패해 버렸다.

영적인 선지자와 성경 해설자로 보면, 교황들은 훌륭한 양계업자들이나 다름없다.

선지자로 보면 마호메트는 훌륭한 땅콩 노점상들이나 매한가지다.

마호메트는 모든 여자들을 영화의 "속편"처럼 하찮게 취급했다. 혹자는 이 늙은 일부다처주의자가 아량이 넓은 사람이었다고 말할지도 모르겠다. 그러나 분명 마호메트는 "달 신"에 관해 생각했던 것보다 더 많이 "여자들"에 관해 생각했다. 그가 52세였을 때 9세의 소녀와 결혼했다. 어떤 재치 있는 사람이 이렇게 말했다. "젊은 첩과 사는 사람은, 그렇게 하는 것이 자기 나이에는 치명적이라는 것을 알고 있으면서도 그보다 더 좋게 죽는 방법을 생각해 내지는 못한다."

어린애처럼 상처받지 말라. 정신을 바짝 차리고, 〈하디스〉와 〈코란〉을 읽어 보라. 그런 후에 시편과 스카랴를 읽어라.

편협하게 굴지 말고 너그러워져라. "폭넓게" 사고하라. 만일 성경을 다룰 수 있다고 생각하는 사람이라면, 창조주의 관점에서 그분을 대면하라. 창조주께서 취하시는 관점은 다음과 같다.

『주가 말하노니 너희는 송사를 일으키라. 야곱의 왕이 말하노니 너희의 강력한 주장을 내어 놓으라. 그들로 주장들을 내어 놓고 무슨 일이 일어날지를 우리에게 보이게 하라. 그들로 이전 일들을 보이게 하여, 그것들이 무엇이든지 간에, 우리로 그 일들을 숙고하고 그 일들의 나중 결말도 알게 하라. 아니면 앞으로 있을 일들을 우리에게 선포할지니라. 이후에 있을 일들을 보여 주어 우리로 너희가 신들인 것을 알게 하라. 정녕, 선을 행하거나 악을 행하라. 우리가 놀라며 그것을 함께 보리라. 보라, 너희는 아무것도 아니며 너희의 일은 헛것이라. 너희를 택한 자는 가증함이라』(사 41:21-24).

만약 당신과 당신의 모슬렘, 카톨릭, 힌두교, 불교 친구들이 하나님께서 자신의 책에 기록하신 위의 요구사항들을 충족시키지 못하고 있다면(말 3:16), 아무쪼록 간음하는 일부다처주의자나 술에 찌든 정치꾼 혹은 책상다리를 한 요가 수도자에 대하여 떠벌이면서 돌아다니지 말라. 이들은 영국의 전래동화 〈골디락스와 곰 세 마리〉만큼이나 진정한 "선지자"가 아니기 때문이다(겔 14:9,10).

이제 우리는 "막바지"에 접어들고 있다. 본서는 이제껏 아무도 쓴 적이 없는, 곧 오직 하나뿐인 진정한 역사책인 성경에 관하여 한 촌뜨기가 쓴 책이다.

하나님께서는 앨라배마 주보다 작은 땅 한 조각을 취하시어 그것으로 사람이 거주하는 땅 전체를 멸하시겠다고 "농담"하셨다. 400년 넘게 시대에 뒤떨어진 "한 권의 책"인 〈킹제임스성경, 1611〉을 이용하여 "농담"하신 것이다. 이와 같은 "농담"은 2,600년 이상 하나님의 책에 불순종해 온 한 민족에서 나온 소수의 사람들에 의해서 "사소한 농담" 하나까지도 완벽하게 실행될 것이다.

자, 이런 것이 "농담"이 안 된다면, 어떤 게 농담이란 말인가?

이것은 일종의 "유머 감각"이라는 사실을 인정해야만 한다(잠 1:24-32).

그렇게 하는 것도(잠 1:24-32) "역사책"을 기록하는 한 가지 방식이 아닐까?

만일 그것을 받아들이지 못하는 사람이 있다면, 정직하게 고백하건대, 나는 150번 이상 성경을 읽고 나서 그 사실을 인정해야만 했다. 난 성경을 집어들 때마다, 그 안에 있는 누군가가 다른 누군가를 갈기갈기 찢어 버리고 있다는 사실을 잊을 수가 없었다. 대충 성경을 넘겨봐도 알 수 있듯이, 창세기 14장, 출애굽기 1,15,18,32장, 민수기 14,21장, 여호수아 6-9장, 재판관기 2-10장 등 도처에서 "사람들이 다른 사람들을 죽이고 있는 것"이다.

여기에 "무장한 군대들 간의 전투"를 평범한 삶의 방식으로 만들어 버리는 소위 "종교 서적"이 있다. 재판관기 13-21장을 보라. 게다가 이 책은 책의 저자와 이 책을 거부하는 자들 사이의 무력 전투로 끝을 맺는다.

UN이 지난 50년(1950-1999) 동안 87개의 유혈 사태를 지원했다는 사실을 감안할 때, 성경이야말로 "뉴에이지"와 UN을 위한 책이 아니겠는가!

성경은 읽으면 읽을수록 참으로 이상하게 느껴지는 책이다. 왜냐하면 지난 50년 동안 구원받지 못한 무신론자들에 의해 기록된 전형적이고 세속적인 역사책들과 (비정통적이고 반종교적이라는 측면에서) 매우 유사하기 때문이다. 만일 성경에서 『**하나님**』과 『**주**』라는 단어들을 빼고 『**지극히 높으신 분**』과 같은 표현들도 빼버린다면, 성경은 "종교" 서적이라고 불리지도 못할 것이다.

사무엘상, 사무엘하, 열왕기상, 열왕기하, 역대기상, 역대기하를 읽는 것은 국제 연맹과 국제 연합의 역사를 읽는 것과 같다. 이 두 기관은 지난 90년간 4천만 명 이상을 학살하는 데 전념했다.

하지만 이제는 이 역사책을 읽을 사람이 누가 있겠는가? 우리는 성경에서 창세기 14장으로부터 요한계시록 20장에 이르기까지 『**전쟁과, 전쟁의 소문**』(마 24:6)을 발견하게 된다. 바빌론은 이스라엘을 멸망시켰고(렘 52장) 페르시아는 바빌론을 멸망시켰다. 그 이후 그리스가 페르시아를 멸망시켰고(단 8장) 로마가 그리스를 멸망시켰다. 그리고 누가복음 2:14의 말씀을 바티칸식으로 변개시킨 문구, 곧 "땅에서는 호의를 입은 사람들 중에 평화"라는 이 시나리오의 나머지 내용은 다음과 같이 진행된다.

즉 고트족이 서고트족과 싸우고, 반달족과 훈족은 고트족을 대적한다. 프랑크족은 스페인을, 서고트족은 이탈리아를 침략하고, 반달족이 로마를 약탈한다. 보헤미아가 바바리아를 침략한다. 롬바르드족은 오스트리아를 침략하고. 샤를마뉴는 유럽의 모든 사람을 침공한다. 잉글랜드가 프랑스를 침략하고, 프랑스는 잉글랜드를 침략한다. 데인족이 잉글랜드를 침공하고, 잉글랜드인들은 스코틀랜드를 침략한다. 스페인은 네덜란드를 공격하고, 프랑스는 독일과 오스트리아를 공격한다. 티무르와 징기스칸은 그들이 만났던 모든 사람에게 "불을 붙였고," 영국이 인도 및 남아프리카와 대립한다. 미국이 쿠바인들과 필리핀인들을 대적하고, 또 독일을 대적한다. 독일은 영국과 러시아를 대적하고, 러시아는 독일과 대립한다. 이탈리아가 에티오피아와 대립하며, 스페인은 내분에 휩싸인다. 영국과 미국이 대립하고, 프랑스와 독일이 대립한다. 오스트레일리아가 독일과 대립하며, 러시아와 독일이 대립한다. 그리고 독일은 유럽의 모든 사람들과 대립한다.

그런 후에 살육이 시작된다! "범죄를 근절"하려고 "총기 규제법"이 강화된 후에, 일곱 개의 나라에 의해서 5,800만 명이 학살당한다

(1917-1990).

이런 식의 UN의 "평화 유지를 위한 조치"는, 『**땅 위에는 화평이요, 사람들에게는 호의로다.**』(눅 2:14)라는 전명이 공표된 이래로, 1990년간 꾸준히 진행되어 왔다. 자, 무슨 "평화"를 말하는 것인가! 정말이지, 어림없는 소리다! "평화 유지"라는 명목 아래 시행된 모든 활동과 관련하여 유일하게 "종교적인" 것이 있다면, 대부분 카톨릭교도들이 유대인들이나 모슬렘 또는 그리스도인들을 죽였다는 내용이다. 때때로 모슬렘이 카톨릭교도들이나 그리스도인들 혹은 힌두교도들을, 그리스정교도들이 유대인들을, 미국의 카톨릭교도들과 유대인들과 그리스도인들이 베트남의 불교도들을 죽였다는 내용도 등장한다.

현존하는 기록들 가운데 성경대로 믿는 침례교도들이 어떤 종교적 신념을 이유로 누군가를 살해했다는 기록은 찾아볼 수 없다(A.D. 325-2000). "평화 유지를 위한 조치"는 특히 국가의 정부들과 결탁되어 있는 종교 지도자들과 연결되어 있다. 랍비들(행 1-13장), 카톨릭 사제들(A.D. 500-1990), 그리스정교 사제들(A.D. 800-2000), 칼빈주의 청교도들(A.D. 1550-1800), 힌두교의 "성인들"(인도, 버마, 방글라데시 등), 모슬렘 과격분자들(모로코, 중앙아프리카, 알제리, 에스파냐, 터키, 이라크, 이란, 아라비아 등)처럼 말이다.

성경대로 믿는 사람들은 자신의 종교적 신념들을 어떤 정부와도 결부시키지 않는다. 사도 바울은 50-60년간의 사역 중에서 자신이 복음을 전한 국가에 교회 국가가 형성되지 않게 하려고 매우 조심했다. 입으로만 그리스도인임을 자처하는 자들이 자기들의 특정 종교를 위해 특별한 지위를 얻으려고 정치인들과 밀담하는 그런 교회 국가는 대량 살상, 학살, 반역, 배교를 낳는다. 종교를 막론하고, "거짓 교리"라고 생각되는 것에 반대하여 거리에서 공개적으로 설교하는 것을 허용하지 않는 국가는 초기 경찰국가에 해당한다. 어떤 종교단체가 쇼핑몰이나 스포츠 행사장에서 전도지를 나누어 주는 것을 막는 국가도 마찬가지이다.

학교들에서 성경 읽기와 기도를 하지 않는 "교회 국가들"은 성경을 설교하거나 가르치며 배포하는 일 또는 성경을 읽는 것에 대해 일일이 검열하는 모든 국가들처럼 영적으로 사망한 것이나 다름없었다(피터 S. 럭크만 목사가 쓴 〈신약교회사〉 참조). 여기에는 예외가 없다.

그렇게 해서 주님께서는 "무장한 군대들 간의 전투"에 관한 "군사학" 논문을 모두 마치셨다. 그런데 이 논문은 인간이 편찬한 두 권의 어떤 책보다도 더 잘 팔리기 시작했다. 주께서는 자필 서명이 들어간 "원본들"을 가브리엘과 미카엘 그리고 스물네 장로들에게(계 4,5장) 건네주시면서 이렇게 말씀하셨다. "자, 하나씩 받으려무나! 어때 멋지지 않느냐?"

그들은 모두 확실히 그렇다고 말씀드렸다.

그때 미카엘이 주님께 질문을 드렸다. 성경이 이토록 피투성이의 책이어야만 했던 이유를 알고 싶었던 것이다. "솔직히 저 아래, 저 땅에, 잘못된 것을 먹었다는 이유로 죽음을 맞이하고 첫아들이 일급 살인죄로 붙잡히는 두 사람의 이야기로 시작해서, 50개의 전쟁과 3백만 명 이상의 사상자 그리고 '대기 중인' 2억 명의 사상자를 다루고 있는 다른 '경전'은 없는 것 같습니다. 주님께서는 이 책을 어떤 종류의 종교 서적으로 분류해 놓으실 겁니까?"

전능하신 분께서는 낮고 근엄한 목소리로 다음과 같이 말씀하셨다. "통속어로 사용되는 나의 최신 코이네 헬라어를 감안해서 알겠지만, 이 책은 종교 서적이 아니다. 이 책이 피투성이의 책이 된 것은 인간의 역사가 처음부터 끝까지 피로 가득한 역사이기 때문이지. 그러니 어떤 역사책이라도 피투성이일 수밖에. 이제 알겠느냐?"

물론 미카엘은 알아들었다. "네, 저도 그렇게 생각합니다. 이제는 무언가 빛이 보이기 시작합니다. 추측컨대, 바로 그것이 언젠가 주님께서 친히 주님의 피를 흘리시려고 계획하신 이유인 겁니까? 폐하, 맞습니까?"

"그래 정확한 생각이다. 나는 네가 '더 오래되고 더 좋은' 필사본으로부터 번역된 어떤 새로운 번역본이 아니라 정말 제대로 된 영어로 되어있는 사도행전 20:28과 요한일서 5:20,21을 읽게 되어 기쁘게 생각한다."

"피투성이의 책이라면, 붉은색 페이지들이 있어야 합니다." 가브리엘이 제안했다.

"좋은 생각이다. 나도 그렇게 생각했었는데, 그 말을 들으니 기쁘다. 내 계획은 성경대로 믿는 사람들에게 영감을 불어넣어 이 책의 표지를 검은색으로 하게 하는 거란다. 왜냐하면 이 책이 죄와 죽음에 대해 아주 많이 언급해야 되기 때문이지. 책 가장자리에는 피를 의미하는 붉은색이나 신성을 의미하는 금색을 두르게 할 생각이다. 검은색, 노란색, 붉은색이라! 정말이지 안성맞춤이야. 이 책은 진정한 게르만족의 책이 될 거다! 종이를 하얀색으로 하면, 검은색, 붉은색, 노란색, 아니면 검은색, 붉은색, 하얀색이 되겠지. 아주 훌륭해! 마틴 루터에게는 노력한 대가에 대한 충분한 보상이 될 것이다!”

그때 그룹들(계 4장) 가운데 하나가 반대 의견을 냈다. “그런데 말입니다, 붉은색과 하얀색 또는 검은색과 노란색은 색채 배합의 측면에서 볼 때, 매우 기묘한 조합이 아니겠습니까?”

『**전사**』(출 15:3)께서 말씀하셨다. “전혀 그렇지 않아. 글자를 표기할 경우, 붉은색 바탕에 하얀색으로 글자를 쓰거나 노란색 바탕에 검은색으로 글자를 쓸 때 가장 잘 보인다는 사실을 알아야 한다.”

“저희들이 저 아래에 있어 본 경험에 의하면, 저 땅에서는 그런 정보를 들은 적이 없습니다만, 마지막 때의 사람들은 그러한 사실을 어떻게 알 수 있겠습니까?” 스물네 장로 가운데 하나가 질문했다.

“그건 쉬운 일이야. 그들은 모든 고속도로 및 교통 표지판을 ‘검은색과 노란색’의 조합이나 ‘하얀색과 붉은색’의 조합이 되도록 바꾸어야만 할 거다. 그래야 표지판을 쉽게 읽을 수 있거든.” “간판장이”께서 대답하셨다.

이때 미카엘이 질문했다. "그런 색의 조합이 가장 잘 보이는 이유가 있습니까?"

"물론 있지. '붉은색과 하얀색'의 조합은 점도 없고 죄도 없는 하얀 어린양이 그의 피를 흘려야만 했음을 의미한단다. 그리고 그 어린양을 대적하는 사탄적인 카톨릭 모방자는 '노란색 바탕에 검은 점들'을 갖게 될 것인데, 그가 바로 표범이다"(계 13장, 렘 13:23).

"아, 거룩한 고양이들!" 사자의 얼굴을 한 그룹이 소리쳤다(계 5장).

"자, 표범도 고양잇과(CAT)이기 때문에 카톨릭(CATholic)이라고 할 수 있지. 그것도 대성당(CAThedral), 교리문답서(CATechism), 재앙(CATastrophe), 카톨릭(CATholic) 또는 강직증 환자(CATaleptic)에서처럼, 그는 '불경스러운 고양이'가 될 것이다. 반면에 '거룩한 고양이'는 『**유다 지파의 사자**』(계 5:5, 창 49:9)이어야만 할 거다. 알다시피, 나는 이 책에서 그가 지상으로 내려갈 때 사자로서 무엇을 할 것인지에 대해 강조했다(호 13:7,8, 암 1:2, 욜 3:16). 물론 처음에 내려가서는 어린양으로서 무엇을 할 것인지에 대해 강조했었지. 그러니까 역사를 뒤로 돌아보면서 미리 기록하게 되면, 그는 어린양처럼 들어가서 사자처럼 나오게 된다."

"하지만 주님, 주께서는 군사 독재 정권을 수립하시기 위해 2억의 UN 평화유지군을 죽이시는 것이 그들을 위해 죽으심으로써 주님의 사랑을 나타내시는 것보다 더 중요하다고 생각하십니까?" 피로 씻긴 "장로"(계 5:10,11)가 질문했다.

"그래, 실제로 나에게는 그 일이 엄청나게 더 중요하단다. 왜냐하면 내 아들이 죄인들을 구원하기 위해 경험해야 할 고난들(사 53장, 시 22장, 사 50:5-8)을 겪어야만 한다면, 그에게는 당연히 그들의 왕이 되어(눅 19:27) 통치할(시 2,11편) 자격이 생기는 거지. 나로서는 죄인들보다 내 아들을 편애하는 것이 당연하지 않겠느냐(마 3:17; 17:5, 창 37:3,4, 골 1:15-19). 나의 영원한 삶 속에서 가장 위대한 '날'이라고 한다면, 그것은 내 아들이 (강도로서 - 마 26:55, 신성모독자로서 - 막 14:64) 자신의 생명을 다했던 그 지옥 같은 곳으로 돌아가서 당연히 소유했어야 했던 것들, 즉 왕국과 권세와 영광과 존귀(계 5장)를 가지고 다시 돌아오는 그 '날'일 것이다. 이 모든 것은 결코 다른 사람의 것이 아니야. 바로 내 아들의 것이지(골 1:15-19, 요 1:1-5). 이제는 고용된 『**농부들**』(마 21:38-41)과 내가 창조한 것들(사 40:26; 45:18; 48:7)을 통제할 수 있다고 생각하는 멍청한 '환경운동가들'한테 진저리가 나구나. 그 썩은 나무들 가운데 어느 누구라도 내가 창조한 것처럼 뭔가를 창조할 수 있는 녀석은 하나도 없지 않느냐. 그들에게 2만 년이란 시간을 준다 해도 말이다."

"그럼, 주께서는 그들을 어떻게 하실 생각이십니까?" 장로들 중의 하나가 질문했다.

"음, 단연코 전부 죽이는 것이야말로 그들을 처리하는 가장 좋은 방법이겠지(민 16:21, 신 32:24-27, 마 22:7; 23:35, 사 63장). 그런 식으로 그들은 '동료들'과 더불어 '나의 사랑을 나눌' 수 있지."

이 말씀으로 인해 성경에 관해 논의했던 "천상"에서의 토의는 완전히 중단되고 말았다.

당신은 이 대화 속에 담겨진 의미가 무엇인지 알고 있는가?

이와 같은 대화의 내용들을 교회 시대의 마지막 때를 살아가는 "그리스도의 몸"은 도저히 견딜 수 없어 한다.

오늘날 "보수주의자," "근본주의자," "복음주의자"라는 "배지"를 자랑스러워하는 모든 사람을 포함한 주요 "기독교 유명인사들" 중에 이 대화들 속에 기록해 둔 내용들을 보고서도 두려워하지 않을 사람은 단 한 명도 없다. 왜 그런지 아는가?

『**건전한 교리**』(딤후 4:3)를 가르치는 그런 절대적인 성경적 진리로는 청중들의 관심을 끌 수도 없고 그들의 주의나 참여를 불러일으키지도 못하기 때문이다. 사역을 지지해 줄 만한 소위 "우량주"도 끌어오지 못한다. 말하자면 『**하나님의 진리**』(롬 1:25), 즉 성경이 위신과 수입, 성과, 명성 그리고 대중적 관심이라는 제단 위에서 희생되어야 하는 것이다.

그리스도의 몸의 배교는 그런 식으로 시작해서(A.D. 200년의 오리겐) 그런 식으로 끝나 버리고 마는 것이다(딤후 3장, 계 3장, 딤후 4장).

사실 내가 쓴 이런 내용들은 다름 아닌 "성경이 말씀하는 내용"이다. 당신은 "농담"이라고 비웃을지 모른다. 그런데 나는 인류에게 던져진 가장 큰 농담이자 동시에 가장 끔찍한 농담의 대략적인 내용만을 썼을 뿐이다. 그리고 이 농담을 생각해 내신 분은 하나님이시다.

지금껏 내가 기술한 내용은 "본래" 하나님의 말씀에서 나온 것이다. 이런 내용을 래리, 모우, 컬리, 그루초 막스, 레드 스켈튼, 아키 벙커, 밥 호프, 조나단 윈터스, 밀튼 버얼, 빙 크로스비, 알렌 킹, 잭 베니, 데이브 가드너, 베네트 서프, 스티븐 리콕, 조시 빌링스, 오 헨리, 도로시 파커, 아트 버크월드, 오그덴 나시, 제임스 서버, 에디 캔터, 아모스와 앤디, 밥 뉴하트, 헨리 영맨, 링 라드너, 자니 카슨, 로렐과 하디, 아보트와 코스텔로, 에드 윈, 윌 로저스의 촌극이나 유행어 또는 독백에서는 결코 얻을 수 없다. 이것은 "원래" 하나님께서 우리에게 주시고자 했던 말씀이기 때문이다.

현대의 구원받은 근본주의자들은 내가 이 책에서 언급한 주제들에 대하여 설교나 강의는커녕 토의조차 할 능력이 없다. 최근(1999년 11,12월) 남침례교도들은, 구원받지 않은 유대인들, 힌두교도들, 모슬렘에게 그들의 의가 『**더러운 걸레**』(사 64:6)와 같다고 말한 것과 그들 모두 『**허물과 죄들 가운데**』(엡 2:1) 죽어 있다고 말한 것에 대해 언론에서 사과했다. 남침례교도들이 왜 그런 짓을 했는지 아는가? 성경에서 말씀하신 바와 같이 그들이 『**진노의 자녀**』요 『**불순종의 자녀**』이기 때문이다(엡 2:1-5; 5:6).

"현대의 기독교계"는 사탄(창 3:1,6)과 "죄의 사람"(단 8:25)만큼이나 긍정적이다. 오늘날에는 쓰레기 처리장도, 감옥도, 병원도 없다. 그저 "위생 쓰레기 매립지"나 "교도소" 또는 "보건진료소"가 있을 뿐이다. 내가 지금 무슨 말을 하고 있는지 알겠는가?

현대의 기독교계는 21세기 어느 날엔가 인류 전체의 4분의 3을 멸망시키시는 것을 "즐거워하실" 하나님에 대해 상상조차 하지 못한다. 더욱이 그런 하나님께 영광을 돌리고 그분을 드높이는 일이란 더더욱 불가능하다. 현대의 그리스도인들은, 소들이 집으로 왔다가 다시 초원으로 나갈 때까지 에스겔 36:26, 베드로후서 3:9, 로마서 4:1-10, 요한일서 4:7,8을 인용하긴 하지만, 그보다 앞서서 에스겔 16,23,24장, 시편 50:22, 신명기 28:20-28, 마태복음 13:42, 디도서 1:12, 말라키 2:2,3에 대해서는 언급조차하지 않는다.

『**영원무궁토록 찬양받으실 하나님, 곧 우리 주 예수 그리스도의 아버지**』(고후 11:31), 즉 『**아브라함의 하나님, 이삭의 하나님, 야곱의 하나님**』(마 22:32)께서는 인종차별주의자, 성차별주의자, 계급차별주의자, 불화를 일으키시는 분(눅 14:26, 마 12:35, 요 7:12,13)이실 뿐만 아니라, 신랄하시고(렘 13:1-14), 복수하는 분이시며(신 32:41,42, 눅 19:27), 너그럽지 못하시고(레 17:10-16, 출 34:12-17), 극단적으로 자기중심적이시다(요 14:6,9; 6:51-53; 5:23, 마 11:27, 신 32:39-42, 사 44:25; 43:12,13; 45:12,18,21).

그런 하나님은 "새 시대"(New Age)에 살고 있는 "현대인"의 친구로 적합하지가 않으시다.

이 시대의 구원받은 그리스도인들은 자기가 그런 하나님을 믿는다는 사실을 다른 사람이 알까봐 두려워한다. 자기들을 구원하신 분의 "실제 성품"이 어떠한지를 다른 사람이 알게 될까봐, 이들은 문자 그대로 공포에 질려 있는 것이다. 하지만 하나님께서는 앞서 언급했듯이 구약과 신약의 성경 구절들에서 열거하고 있는 그런 성품을 가지신 분이시다.

요약하건대, 현대인들에게 있어서 하나님과 그분의 책은 둘 다 "없어져야만" 하는 대상이다.

현대인들은 타인들의 요구에 너무 민감한 나머지 그런 독재자를 도저히 견딜 수 없어 한다. 인본주의 거짓말쟁이들은 그런 피투성이의 책을 견뎌내지 못한다. 그런데 성경에서 "피"라는 단어는 네 장에 한 번 꼴로 등장한다. "피"라는 단어가 성경의 끝에서 네 번째 장(계 19장)까지는 사라지지 않는 것이다(사 1:18).

그래서 그들에게는 성경이 "없어져야만" 하는 것이다. 이것이 바로 의회, 러시아, 미국, 유럽연합, 미국연방수사국, 미국시민자유연합, 미국주류담배총포담당국, 미국연방마약단속국, CNN, CBS, ABC, NBC, 〈라이프〉, 〈타임〉, 〈가넷〉, 연방교육제도가 선고한 판결문이다.

성경을 개정시킴으로써 성경을 제거하라. 불에 태우고, 공격함으로써 성경을 제거하라. 성경을 믿고 설교하는 사람들을 체포함으로써 성경을 제거하라. 자라나는 자녀들이 성경을 읽지 못하게 함으로

써 성경을 제거하라. 인본주의 쓰레기, 종교 쓰레기, 경건을 가장하는 상투적 문구, 감상적인 호소, 정치적인 속임수로 성경을 대체함으로써 제거하라. 무슨 수를 써서라도 "성경을 제거하라!"

말은 쉽지만, 결코 그렇게 되지는 않을 것이다.

제 9 장

미래 역사를 미리 기록하는 방법

끝으로 빌 클린턴과 다이애나 황태자비, 교황 바오로 6세, 티퍼 고어, 짐 존스, 교황 요한 바오로 2세, 아라파트, 재닛 리노, 마돈나, 엘비스 프레슬리, 프랭크 시나트라, 존 F. 케네디, 프랭클린 D. 루스벨트, 빌 게이츠, 테드 터너, 넬슨 만델라, 비틀즈, 마릴린 먼로 그리고 다른 많은 마약에 중독된 간음자들 및 간음을 일삼는 병역 기피자들, 술 취한 매춘업자들, 피를 흘리는 살인자들, 간음하는 공산주의자들과 같은, "인류의 멋진 표본들"이 거주하고 있는 이 뉴에이지 정글 "지구촌"에 대해 잠깐 언급해 보도록 하자. 1933년 이래로 지금까지 이들은 미국 내 일간신문 첫 페이지를 장식해왔던 사람들이다.

그들 모두가 다 그런 것은 아니지만, 대개는 거짓말을 즐겨하는 간음자들이거나 마약에 중독된 간음자들, 성도착에 빠진 간음자들 또는 술에 취한 간음자들이다. 진보적이고 생각이 트인 데다 높은 지적 수준을 가진 그 사람들 가운데 일부는 일평생 거짓말을 일삼으며 사방에서 사람들을 죽게 만드는 살인자들이다(만델라, 재닛 리노, 교황들, FBI, CIA, 미국외교위원회, 빌더버거, 로마클럽 등). 이들은 흡연이 마약이고 "사람의 건강에 해롭다"고 생각하는 사람들이지만, 알코올이 건강에 해롭다고 믿지는 않는 사람들이다. "총기 규제"를 신뢰하는 그들은 완전무장을 한 뒤에 5,500만 명의 비무장 시민들을 학살했다(1917-1990년의 캄보디아, 태국, 중국, 러시아, 독일, 터키, 가나 등).

그들 가운데 "아동 유기"나 "아동 학대"를 우려하는 자들은, 17세 미만의 아이들을 독가스로 살해하고 화장시키고 나서(텍사스 주의 웨이코) 그 살인자들에 관한 증거를 덮어 버리는 등의 일들이 최선책이라고 믿는다.

이제는 뉴스 미디어 종교 집단의 지지를 받는 이들 뉴스 매체 "신들" 및 "여신들"을 위해, 성경의 저자께서 역사를 어떻게 기록하시는지 그 방법에 관한 간단한 견본을 제시할 것이다. 이 역사는 A.D. 3000년을 지나 영원에 계시는 하나님의 입장에서 보시는 역사이다.

우리는 논의 주제를 성경의 저자께서 유대인들과 그들의 왕에 관하여 뭐라고 말씀하셨는지에 국한시킬 것이다. 왜냐하면 성경의 저자들이 모두 유대인들이고(롬 3:2), 성경 내용의 3분의 2이상이 왕국과 왕을 주요 주제로 삼고 있기 때문이다.

여기 한 권의 책이 있는데, 이 책은 어느 시대에서든지 전 세계 1% 미만의 인구가 사용해 온 언어로 기록되었다. 오늘날도 여전히 그 비율은 전 세계 언어의 1% 미만이다(A.D. 2000년 기준으로, 세계 60억의 인구가 사용하는 언어는 6천 개 이상임). 그런데 (마호메트가 태어나기 2,000년도 더 전에) 어떤 "정신 나간" 역사가가 이 책에서 1939년과 1945년 사이에 일어날 역사적인 사건들에 관해 알려주었다. 이 역사가는 세상 사람들이 "종교 서적"이라고 말하는 책에다 역사를 기록했던 것이다. 이 사실이 매우 주목할 만한 일인데, 정말이지 "기막히게 환상적인" 일이다.

모세에 따르면, 그에게 자신의 글들을 받아쓰게 하신 분께서는 제1차 세계대전(1914-1918)이 일어나기 3,300년 전에 다음과 같은 내용들을 알려 주셨다.

1. 유대인들은 이방인들에 의해 비난받을 것이고, 그렇게 비난을 받는 동안 이방인들에 의해 말살될 것이다(〈트레블링카, Treblinka, Steiner, Simon and Schster, 1967〉, pp.184,185). 이것은 유대인 대량학살을 모의했던 "반제 회의"(Wannsee conference)에서 결정되었고, 히믈러, 슈트라이허, 아이히만, 히틀러가 그와 같은 비난을 가했다.

우연처럼 보이는 이 사건은 아마도 한 번 이상은 일어났을 것이다.

2. 이러한 파멸은 살인자에 의해서 자행될 것이며(〈아우슈비츠, Auschwitz, Rudolph Hoess, Popular Library, 1951〉), 그런 가운데 그들은 조국을 잃게 된다(신 28:21, 〈홀로코스트, The Holocaust, Gilbert, Fontana/Collins, 1986〉, pp.199,200).

이 사건은 여러 차례 일어났다.

3. 대량 학살에 열병과 염증이 동반되면서, 여자들과 아이들이 살해될 것이다. 이러한 살인은 나치 친위대 소속 이동학살분대(Einsatzgruppen)에 의해 폴란드, 라트비아, 오스트리아, 리투아니아, 러시아에서 자행되었다(신 28:22). 10만 명 이상의 병든 사람들이 이들 국가들에서 죽임을 당했다.

이상 세 가지 사건들은 "유대인들 중 누구에게나 일어날 수 있었다."

4. 이러한 일들과 더불어 유대인들은 전 세계로 흩어지고 적들을 피해 도망 다니게 될 것이다. 왜냐하면 유대인들에게는 그 적들과 싸울 능력이 없기 때문이다. 이와 관련된 신명기 28:25의 말씀은 문자 그대로를 의미하고 있는 것이다. 그들의 적들은 스페인에서 프랑스와 모로코까지, 독일에서 오스트리아와 폴란드까지, 오스트리아에서 체코슬로바키아까지, 프랑스와 영국에서 미국까지, 폴란드에서 러시아까지, 유럽에서 팔레스타인까지 그들을 몰아냈다. 유대인들은 B.C. 1400년에 이미 『**그들 앞에서 일곱 길로 도망할**』(신 28:25) 운

명이었던 것이다.

이 네 가지 사건들이 연이어서 일어났으며, 아직 더 남아 있다.

5. 그들 중 많은 이들의 시체가 총살되거나 곤봉으로 맞아 죽은 바로 그 자리에 널브러지고, 짐승들이 그들의 송장을 먹게 될 것이다(〈홀로코스트〉, pp.774-782). 때로는 죄수들이 그것을 먹었다(〈아우슈비츠, 1951〉).

이것은 정확히 그대로 일어났다.

6. 이렇게 취급받는 가운데 유대인들은 문자 그대로 미쳐갈 것이다(〈트레블링카〉, pp.90-92, 〈홀로코스트〉, pp.774-782, 신 28:28). 유대인들의 적들은 그들의 모든 재산, 은행 계좌, 보석, 심지어 옷까지 모두 가져갔다(신 28:29). 반면에 영국, 미국, 프랑스, 남아메리카, 아일랜드, 중국, 일본, 스페인, 오스트레일리아, 중앙아메리카, 페르시아는 방관만 한 채 유대인들을 위해 아무것도 하지 않았다(〈홀로코스트〉, pp.774-782). 『**아무도 너를 구해 줄 자가 없으리라**』(신 28:29).

이상 세 가지 사건들은 동시에 일어났다. 여기에 이견이 있을 수 없다.

7. 유대인들은 그들을 죽이는 살인자들을 주인으로 섬기며 일하게

될 것이다(신 28:36,43,44,48,49). 그리고 그 살인자들은 "노인들"을 죽일 것이다. 장님이 되고 불구자가 된 사람도 죽일 것이다. 심지어 아이들도 죽일 것인데, 아이들에게 초콜릿 캔디를 던져 주면서 그들을 "산 채로" 묻을 것이다. 그때 아이들이 이렇게 말한다. "엄마, 저 사람들이 왜 내 눈에 흙을 붓는 거예요?"(〈홀로코스트〉, pp.155,172,178,185,203, 〈트레블링카〉, p.102).

다소 지루한 감이 있는가? 이상 잇달아 일어나는 일곱 가지 사건들에 관하여, 살인자들은 모세의 명령을 "문자" 그대로 실행했다. 그런데 그 "문자"는 유대인 대학살이 일어나기 3,400년도 더 전에 기록된 성경에서 발견되었다.

8. 유대인들은 1933년과 1946년 사이에 600만 명의 동족을 잃었고, A.D. 2000년 이후로 미래의 어느 때엔가는 1,000만 명을 잃게 될 것이다(신 28:62, 애 5장, 계 6,12장).

잠시 휴식이 필요한가? 잠깐 생각해 볼 수 있도록 "기분 전환"할 수 있는 시간을 주겠다. 이 모든 일들(신 28장)이 일어나기 전이나 후 또는 진행되고 있는 동안에 알라의 "선지자"는 어디에 있었는가? 모세는 별다른 노력 없이도 마호메트를 "훨씬" 능가했다. 그는 마호메트가 태어나기 전에 이 일들을 기록했다. 마호메트는 모세의 글을 많이 접했지만(〈코란〉을 보라), 역사적인 맥락에서 그것을 설명하거나 언급하지 못했다. 그는 과거든, 현재든, 미래든, 인류의 역사에 대해 아는 게 없었던 것이다. 유대인 대학살이 일어나는 그 시점에 모세보다도 1,600년이나 더 가까이 있었는데도, 어떻게 "사도"이자 알라의 유일한 "선지자"라고 하는 마호메트가 20세기에 유대인에게 닥치게 될 일들에 대해 아무것도 예언하지 못했던 것일까? 정말이지 대단한(?) "선지자"였던 것이다!

9. 유대인들은 세계 전역에, 곧 『**땅의 이쪽에서 저쪽까지**』(신 28:64) 흩어지게 될 것이다. 거기에서 유대인들은 선지자들(호 12:10,13)과 제사장들(출 19:6)의 민족으로서의 자격이 중지되는 것뿐만 아니라, 그들이 체류했던 지역의 이방인들에게 동화될 것이다(왕하 17장). 이때에는 느부캇넷살의 "금, 은, 철, 놋, 나무, 돌로 된 신들"로부터 유대인들을 구해 줄 "다니엘"이 없을 것이다.

여기에서 알라의 선지자는 또다시 철저하게 무너져 내렸다.

하나님의 말씀들이 맡겨진(롬 3:2) 제사장들의 민족(출 19장)은 더 이상 초장과 동산에서 먹고 살 수 없게 되었다. (아벨, 아브라함, 이삭, 야곱, 요셉, 모세, 다윗은 목자였다. 연방준비은행의 직원들이 아니었다.) 유대인들이 그들의 원조인 카인처럼 과거에 그들의 "형제"를 제거했을 때(요 1:11), 땅은 그 열매를 내지 않게 되었다. 결국 그들은 "도시 사람들"이 되었다. 도성을 맨 처음 세운 사람은 카인이었다(창 4장). 그 자손에 관한 언급이 이사야 14:21에 나온다. 이것은 모든 교량 건축업자, 건설 계약자, 건설업자, 부동산 중개업

자가 반드시 읽어야 할 구절이다. 이 구절은 B.C. 606년에 기록되었다.

A.D. 70년 이래로 오늘날까지 이스라엘의 역사를 따라가 보면, 기나긴 부패와 타락의 과정이 여전히 진행 중이라는 사실을 발견할 수 있다. 1948년까지 제사장들과 선지자들은 핵과학자, 정신과 의사, 매디슨 가(미국 광고업계) 경영진, 미술가, 음악가, 건축가, 정치꾼, 은행가, 정치가, 작가, 군사 지도자, 법률가로 대체되었다. 이방인 "무리들"과 아주 똑같이 된 것이다. 세상에 동화되어서(요일 2:15) 세상 체계의 맨 꼭대기에 오를 정도로 출세한 것이다. 한마디로 "세속적인" 사람들이 된 것이다(약 4:4). 이것은 1939년과 1945년 사이에 있었던 "유대인 대학살" 이후, A.D. 2100년 이전 어느 때엔가 또 한 번의 대학살이 일어날 것이라는 사실을 보증해 준다.

10. 결국 유대인들은 전 세계적으로 흩어지는 "디아스포라" 기간 동안 『**떨리는 마음과 눈의 쇠잔함과 심한 마음의 번민**』(신 28:65)속에 시달리기만 할 것이다. 왜냐하면 그들은 자신의 생명이 『**의심 속에 매달**』려 있어 『**밤낮 두려워할 것**』이며, 『**생명의 보장을 전혀 얻지 못할 것**』이기 때문이다(신 28:66).

이러한 사실들을 확인해 보고 싶다면, 유대인의 표준 역사에 관한 작업의 일환으로 유대인들이 직접 기록하고 출판한 〈유대 백과사전, The Encyclopedia Judaica, Keter Pub. House, 1992〉에 나오는 유대 민족의 공식적인 역사를 참조하라.

한 민족과 관련하여 역사 속에서 일어났던 이상 열 가지 "우연의 일치들"을 확인할 수 있을 것이다.

세상에 다른 어떤 민족들 가운데 그와 같은 일치를 발견할 수 있는지 살펴보라.

결코 발견할 수 없을 것이다. 아무도 발견하지 못하는 것이다. 비슷한 사례를 찾아보겠다고 하는 것은 우리 모두의 시간을 낭비하는 것밖에는 안 된다.

또한 우리는 이렇게 "우연의 성취"처럼 보이는 예언이 한 번 더 실현되는 것을 보게 될 것이다.

선지자 모세에게 진심으로 감사하는 의미에서, A.D. 70년에서 A.D. 2000년까지의 이스라엘 전체 역사를 읽어 보기 바란다(〈유대 백과사전〉 제8권).

유대인들은 A.D. 300년 이후로 팔레스타인을 떠나 어디로 갔든지, 그들이 간 그곳에서 영원히 안전할 수는 없었다. 여기에는 어떤 예외도 없다(슥 12:3; 14:2, 렘 30:11). 이것은 미국이 독립선언문에 서명하기 2,000년 전에 예레미야와 스카랴가 그들에게 명령했던 것이다.

B.C. 1500년경의 출애굽 이래로 지금까지, 30개 이상의 국가가 유대인들을 박해하고, 공격하고, 살해했다. 곧 하갈인들, 필리스티아인들, 헷인들, 아모리인들, 카나안인들, 시리아인들, 이집트인들, 앗

시리아인들, 모압인들, 암몬인들, 미디안인들, 여부스인들, 포르투갈인들, 스페인인들, 영국인들, 프랑스인들, 독일인들, 이탈리아인들, 터키인들, 아라비아인들, 오스트리아인들, 러시아인들, 그리스인들, 라트비아인들, 리투아니아인들, 교황들, 우크라이나인들, 헝가리인들, 아일랜드인들, 국제연맹, 바티칸, UN, 그리고 UN "평화유지군"이 그랬다.

11. 성경에 따르면, 유대인들은 『**철 용광로**』(신 4:20)를 경험한 이후에 "판매용"으로 가판대에 놓이지만, 그들을 살 사람이 아무도 없을 것이다. 1939년에서 1945년 사이에는 아무도 그들을 사려 하지 않았다(신 28:68).

유대인 대학살에 대한 모든 기록에 따르면, 이 일이 적십자와 베르나데트 백작, 아돌프 아이히만이 값을 흥정했을 때 일어났었다. 그리고 이와 똑같은 일이 히틀러가 정권을 장악한 이래로 계속되었다.

12. 신명기 28:68의 『**배**』가 바다를 항해하는 문자적인 실제 선박이라는 사실이 드러났다. 유대인들은 항해를 했고, 침몰되지 않았거나 승선한 채로 팔레스타인 땅에서 거절된 사람들은 전 세계의 항구에 머물렀다(1921-1950). 그리고 그들의 화물들은 그들을 멸절시키려 하는 히틀러의 제3제국으로 되돌아갔다.

1917년과 1945년 사이에, 사용 가능한 화물 선박이 충분히 있었기 때문에 하루에 5,000명의 유대인들을 팔레스타인 해안에 상륙시킬 수도 있었을 것이다(〈이스라엘 이야기, The Story of Israel, Meyer Levin, Berkley Medallion, 1966〉, pp.150-173). 그러나 선박들은 그런 용도로 사용되지 않았다. 많은 선박들이 "전시 목적," 곧 "작전 지역"으로 총기류와 탄약, 군수품, 병력을 운송하는 데에도 사용되지 않았다.

주님께서는 포격 받고 있는 배들, 침몰한 배들, 가라앉고 있는 화물들, 자살하는 승객들(영화 「엑소더스, Exodus」 참조) 그리고 봉쇄된 전 세계 기항지들을 주시하셨다. 이러한 것들은 『**다윗의 열쇠**』(계 3:7)를 지니신 분께서 아무도 열 수 없는 그 문을 여시기 전에는 하나님의 선택된 백성이 결코 팔레스타인에 돌아갈 수 없다는 사실을 분명하게 보여 준다.

모세가 기록한 성경 본문에서는, 하나님께서 유대인 대학살을 살펴보시면서 보이셨던 반응이 마치 나치의 친위대나 친위대 소속 이동학살분대가 반응했던 것과 똑같았다고 말씀한다. 즉 그분께서는 "기뻐하셨던" 것이다.

『**주께서 너희에게 선을 행하시고 너희를 번성케 하시기를 기뻐하신 것같이 주께서 너희를 멸하시며 너희를 망하게 하시기를 기뻐하시리라. 또 너희는 네가 차지하려고 들어갈 그 땅에서 뽑히게 될 것이니라**』(신 28:63).

히브리어로 그 단어는 "기뻐하다"라는 뜻이다.

헬라어로도 그 단어는 "기뻐하다"라는 뜻이다.

영어로도 그 단어는 나치가 사용한 의미와 똑같이 "기뻐하다"라는 뜻이다.

이 글을 읽는 사람들 가운데 100명 중 한 사람도 내가 방금 기술한 이 "기뻐하다"라는 단어 하나를 믿지 않을 것이다. 미국의 10대 기독교 대학의 교수진과 직원들도 마찬가지이다.

그들은 감히 성경을 믿지 못한다.

그들의 면전에 최고의 "증오 문학"이 있다. 대단히 뛰어난 "증오 문학"이 있으니, 이것은 율리우스 슈트라이허 같은 반유대주의자가 평생 동안 출판하기에 딱 좋은 책이다.

이 정도의 성과에 도전해 볼 만한 다른 경쟁자를 본 적이 있는가?

이보다 더 주목 받을 만한 책이 있겠는가? 〈벼락, The Thunderbolt〉이나 〈함부로 음모라고 말하지 말라, None Dare Call It Conspiracy〉는 어떤가? H. 스튜어트 체임벌린, 리하르트 바그너, 오스왈드 모슬리, 아돌프 아이히만은 겨루어 볼 만한가? 결코 그렇게 생각하지 않는다.

자, 성경은 역사책이다. 신명기 28장에서 읽었던 내용은, 필리핀의 "바탄 죽음의 행진"(Battan Death March, 1942)이나 인도의 캘커타 블랙 홀(Black Hole in Calcutta, 1756) 또는 터키인들의 아르메니아인 대학살(Turkish massacre of the Armenians, 1917)에 관

한 연재 기사가 지니는 정도의 "종교적인 색채"만 띠고 있을 뿐이다. 즉 성경을 읽는 독자라면 누구라도 어떤 종교의 광신도가 믿거나 말한 내용이 아니라 "역사"를 대면할 수밖에 없는 것이다.

B.C. 1500년에 기록된 성경에는, 1933년에 아돌프 히틀러가 선정되어 마지막 "일점 일획"까지 문자 그대로 실행할 것이라고 되어 있다. 성경의 저자께서는, 『**사람들을 낚는 어부**』(막 1:17)들이 하나님께서 선택하신 메시아에 대한 신앙과 믿음을 이스라엘에게 가져다 줄 수 없다면(베드로, 야고보, 요한과 바울은 "어부"였다!), 그렇게 할 수 있는 『**사냥꾼들**』을 일으키시겠다고 말씀하셨다(렘 16:16). 그리고 하나님께서는 2,500년을 참고 기다리신 후에 그 일을 행하셨다.

일전에 예레미야가 말했던 사냥꾼들이 사냥터를 가로질러 가는 사진들을 본 적이 있다. 그들은 모두 소총수들로서 명사수들이었는데, 유대인들을 사냥하고 있었다(〈홀로코스트〉 p.196). 당신은 "이유가 뭡니까?"라고 물을 것이다.

왜냐하면 하나님의 선지자들 중의 하나가(알라의 선지자가 아니다!) A.D. 1900년에서 A.D. 2000년 사이에 일어날 역사적인 사건을 B.C. 600년에 예언했을 때, 그는 마치 사냥꾼과 같아서 "과녁을 빗맞히는 일이" 결코 없기 때문이다. 즉 하나님의 선지자들은 모두 명사수들이었던 것이다.

주님의 모든 서기들에게 그처럼 꼭 들어맞을 수밖에 없는 내용을 주신 것은, 소위 "역사를 뒤로 돌아보며 미리 기록하는" 방식을 취했기 때문이다. 이런 방식은 계속해서 반복되었다.

모세는 신명기 33장을 기록하자마자 하나님께 다음과 같이 질문했다. "여기에서 『**수만 성도들**』은 누구입니까? 아시다시피, 저는 시내 산에서 40일 동안 내내 주님과 함께 있으면서 『**성도들**』이라고는 한 명도 보지 못했습니다. 게다가 주께서는 『**성도들**』을 신뢰하지도 않으시지 않습니까?(욥 15:15) 그리고 제가 주님을 알게 된 이래로, 주님께서는 한 번도 『**세일에서 일어나**』신 적이 없으셨습니다. 세일 산에서 일어나신다고 말씀하시는 이 2절에서 주님께서는 무엇을 하시는 것입니까?"

"음, 그 일은 아직 일어나지 않은 일이다."

"아, 그럼 시제를 바꾸도록 하겠습니다. 괜찮으시죠? 축자영감을 받은 무오한 성경 속에 실수가 있으면 안 되지 않습니까?"

"물론, 그렇지."

"좋습니다. 그러면 제가 '주께서 시내에서 오실 것이며 세일에서 일어나실 것이고 파란 산에서 비치실 것이며'처럼 미래 시제로 다시 쓰겠습니다."

"안 된다, 그러면 안 된다. 어떤 것도 다시 써서는 안 된다. 지금 기록된 그대로 남겨 둬라."

"그렇게 하시는 이유가 있으신가요? 그걸 고쳐 쓰지 않으면, 거짓말을 하는 게 되지 않습니까? 그 일은 아직 일어나지 않았으니까요. 그것을 이대로 남겨 둔다면, 린치버그에 있는 리버티대학이나 하이

델베르크, 슈투트가르트 또는 댈러스에 있는 히브리어 교수들 및 신학 박사들이 이 구절을 잘못 이해한 채, 출애굽기 20장이 그에 대한 참조 구절이라고 생각할 겁니다!"

"이것은 딱딱한 사과들에 해당되는 구절이지. 만약 그 멍청한 성경 교사들이 출애굽기 20장을 읽은 그대로 믿는다면, 그것이 결코 신명기 33장의 참조 구절이 아니라는 것쯤은 알 수 있을 것이다. 하지만 그들이 엉망으로 만들려 한다면, 그냥 내버려 둬라. 내버려 두는 것이 그들에게는 나을 거야. 그들이 내 성경을 엉망으로 만든다면, 나는 그들의 마음을 엉망으로 만들면 되는 거다."

"하나님, 아무리 그래도, 어떻게 그 일이 일어나지도 않았는데, 미래에 있을 어떤 사건을 과거 시제로 기록할 수 있는 겁니까?"

"그건 매우 간단한 문제지. 나에게는 말이다, 너에게 말하고 있는 모든 일이 이미 일어난 과거에 해당한단다. 말하자면 나는 지금 이 책을 '미리' 쓰고 있는 것이다. 즉 미래에 일어날 일을 과거에 이미 일어난 것처럼 '뒤를 돌아보면서' 쓰고 있는 거란다. 그러니까 그 구절은 있는 그대로 놔둬라. 그리고 내가 너에게 민족들을 전멸시키겠다고 말하긴 했지만(신 19:1; 12:29), 신명기 32:43에 있는 내용도 그대로 남겨 둬라. 너에게는 미래의 사건들이 약 2,500년이나 멀리 떨어져 있어서, 감을 잡기에는 무리가 있을 거다. 이사야도 비슷한 어려움을 겪었었지. 내가 그 악동 녀석에게 『**상처를 입었고**』라든지, 『**질고를 지고**』라든지, 『**치유되었도다**』라든지 하는 내용들을 기록하라고 불러 줄 때마다, 그는 내 앞에 문법책을 꺼내 와서는 '동사 시제'에 대해 강의를 하려고 했지! 그 늙은 이사야 녀석은 내가 영감을 통해 준 말들을 그대로 기록하지 않으려고 단단히 벼르고 있었던 거야! 그래 그런 인물이야! 그 녀석은 실제로 내가 불러 준 대로 쓰지 않고 '실로 그가 우리의 질고를 지실 것이고 우리의 슬픔을 지실 것인데도'(사 53:4)라든지, '주께서는 우리 모두의 죄악을 그에게 지우실 것이라'(사 53:6)든지, '그가 감옥과 재판에서 끌려가실 것이니'처럼 미래 시제로 쓰고 있더라고. 음, 너를 포함해서 정말이지 고집스런 녀석들이야. 너도 어떤 일에 대해 예언적으로 쓰는 방법은 하나뿐이라고 생각하지. 그러나 나는 아무리 미래의 일이라 할지라도 과거 시제, 현재 시제, 선형 시제, 부정과거 시제, 미래 시제, 미완료 시제, 대과거 시제로 다양하게 다 쓸 수 있어. 그럼에도 불구하고 그것은 '문법적으로'도 아무 문제가 없지. 『**나는 곧 나니라.**』(출 3:14)라고 했으니, 너희 녀석들이 머리빗을 다루는 것보다 더 쉽게 과거, 현재, 미래 시제를 다룰 수 있는 것이다."

이렇게 해서 이 짧은 대화는 끝이 났다.

그러나 헬라어 교수들, 히브리어 교수들, 신학 박사들, 신학 석사들이 성경 본문을 대하면서 처하게 될 문제에 대한 해답은 얻지 못했다. 이들은 그저 평소처럼 자기들의 바보 같은 목을 부러뜨렸을 뿐이다.

여호수아가 성경에 『**주의 전쟁들**』(민 21:14)을 기록하다가 『**주의

군대 대장』(수 5:14,15)을 올려다보고는, “주께서는 저를 위해 해와 달을 멈추게 하셨으면서, 왜 노아나 아브라함, 이삭, 야곱, 요셉, 모세, 그 외에 다른 사람들을 위해서는 그렇게 하지 않으셨습니까?”라고 질문을 했다.

“왜냐하면 너의 이름이 ‘여호수아’이기 때문이지.” 주께서 대답하셨다.

“네? 그게 무슨 말씀이시죠?”

“자, 너도 알다시피, 나중에 또 다른 ‘여호수아’가 등장하게 될 것이다(행 7:45). 그는 지금 네가 하고 있는 일과 똑같은 일을 하게 될 거야. 그러면 그때에도 그를 위해 해와 달을 멈추게 할 것이다(합 3:11).”

“언제 그런 일이 일어나는 겁니까?”

“음, 지금부터 약 3,410년쯤 후에. 내가 햇수로 치지 않는 몇 년은 더 넣거나 뺄 수도 있다(욥 3:3-9).”

“주님의 책에다 그것도 기록해 넣으실 겁니까?”

“물론이지. 이미 모든 것이 잘 준비된 하박국이라는 서기를 대기시켜 놓았거든(합 3:11). 나는 내가 이브에게 한 그 약속(창 3:15)을 최종적으로 성취할 때에 일어날 일들을 하박국이 예언하도록 할 거다(합 3:13). 말들도 몇 마리 등장시킬 생각이야(합 3:15). 왜냐하면 나의 두 번째 여호수아는 ‘기병대 사령관’(계 19:10-16)이기 때문이지! 트리거, 렉스, 실버 등, 온갖 종류를 등장시킬 것이다.”

"네, 물론입니다. 온갖 종류로요!" 여호수아가 중얼거렸다.

"장군이여, 너도 알겠지만, 나는 역사의 끝에 관한 대부분의 정보를 역사가 시작되는 때에 다 넣어 두려고 한다. 창세기 3:15과 하박국 3:11이 이미 성취되는 것을 보았기 때문에, 그가 죽은 후 2,500년이 지날 때까지는 일어나지 않을 일들을 너에게 경험하도록 했던 것이다. 여호수아야, 사실 40년 전에 네가 갈렙과 함께 경험한 일들은 과거에 일어났던 일들이긴 하지만 여전히 미래에 속한 일이기도 하지."

"네, 맞습니다, 맞아요. 주께서는 아침 식사 때 너무 많은 설탕을 잡수셨지요?" 여호수아가 중얼거렸다.

주님께서 웃으셨다. "그런 의미가 아니다. 여호수아야, 그건 단지 역사가 항상 되풀이된다는 말이다(전 1:9,10). 그래서 나는 A.D. 50년경으로 가서 기록자 한 명을 선발할 것이다. 민수기 13,14장에서 너와 갈렙이 이스라엘에게 주었던 똑같은 도전을 이스라엘에게 다시 주기 위해서 말이다(히 3:10-4:8). 나는 그것을 A.D. 1948년경의 이스라엘에게 제시할 것이다. 자, 하던 일을 계속 하자꾸나. 그래서 네가 기록하는 책을 마쳐야지."

여호수아는 그렇게 했고, 얼마 있다가 죽었다(수 24장). 두 세대가 지난 후, 이스라엘 자손들은 분열되었고, 이교도와 섞였으며, 이교도 "민족 문화"를 받아들였다. 그러면서 그것이 자국의 "문화적인 전통" 등을 풍요롭게 하는 것이라고 가르쳤다.

수백 년이 지난 후에 주님께서는 사무엘이 재판관들의 역사를 기록해야 한다고 결정하셨고, 이에 사무엘에게 펜을 주시며 이렇게 말씀하셨다. "바락과 드보라가 이중창으로 노래했다고 재판관기 5장에 확실하게 써야 한다. 그 이중창은 아주 일품이었지. 제1면 머리기사감이야. 값으로 매길 수 없을 정도로 정말 훌륭했어."

사무엘이 받아쓰기를 시작했다. 그런데 사무엘은 선정된 곡의 여섯 절을 채 쓰기도 전에 받아쓰기를 멈추고는, 자기 옆에 서 계시던 주의 천사(행 7:30, 출 3:4)를 다소 신경질적으로 바라보더니 다음과 같이 말했다. "도대체 이 혼란스런 내용들은 다 무엇을 의미하는 것인지 말씀 좀 해 주시겠습니까? 첫째, 바락이 시스라와 『**므깃도의 물가**』에서 싸울 때(판 5:4,19), 주님께서는 『**세일**』이나 『**에돔**』에서 나가지 않으셨습니다. 둘째, 키손 강은 세일에서부터 160km도 더 떨어져 있습니다. 셋째, 하늘에 있는 『**구름**』이 『**물**』을 내렸다(판 5:4)는 부분도 보십시오! 이스라엘이 시내 산 기슭에 진을 치고 있었던 기간 내내 하늘에서 물 한 방울 떨어지지 않았다는 것은 주님도 잘 아시지 않습니까? 여기에서 비는 무엇을 하고 있는 겁니까?"

"너는 지금 나를 거짓말쟁이라고 말하는 거지? 예레미야가 그랬던 것처럼 말이다(렘 15:18)."

"아닙니다, 주님, 그런 의미가 아닙니다! 하지만 도무지 이 책을 보고 있으면 너무 혼란스러워 그렇습니다! 주님, 이 『**물**』에 대해 설명해 주시면 안 되겠습니까?"

"음, 네가 정 그렇게 원한다면 말이다. 하지만 너에게 큰 도움이 될는지는 모르겠구나. 내 생각엔 그 내용을 설명해 준다 해도 요지를 제대로 잘 파악할 수 있는 사람은 없을 것이다. 특히 지금부터 3,300년 후에 등장할 미국의 기독교 대학이나 신학원의 교수진 가운데 그것을 이해할 수 있는 사람은 아무도 없을 것이다. 사무엘아, 너도 알다시피, 비가 올 때는 꼭 억수 같이 쏟아진단다(When it rains, it pours)."

"미국 소금 회사 '모턴' 광고 말씀이십니까? 정말 오랫동안 그 광고 문구를 사용해 왔죠. 비가 와도, 뭉치지 않는다!(When it rains, it pours)"

"아니, 아니야. 내 말은 엘리야가 수도꼭지를 잠갔다 열었다 하는 걸 두 번 해야만 할 거라는 뜻이다. B.C. 820년에 한 번, A.D. 2000년 이후 어느 땐가에 또 한 번. 그러니까 3년 반의 가뭄 이후에 비를 내릴 때, 그 두 배가 되는 폭우를 내리게 할 생각이란 말이다(욜 2:23). 내가 그 일을 두 번째 행할 때에는, 『**주**』께서 시내에서 오시고(신 33:2), 세일 산 근처의 에돔을 통과하시며(합 3:3), 키드론 시내를 건너(당연히 동에서 서로 건너신다), 올리브 산 위에 서게 될 것이다!(슥 14장) 간단하지, 그렇지 않니? 거의 '식은 죽 먹기'나 다름없지."

"잘 이해가 안 됩니다." 사무엘이 시무룩하게 대답했다.

"자, 너무 심각하게 걱정 안 해도 된다. 다윗도 시편 18편과 '마지막 말'(삼하 23:4)을 쓸 때 이해를 못했지. 어쨌든, 사무엘아! 비가 올 때는, 꼭 억수 같이 온다는 것이다!(시 68:8,9)"

"그럼 얼마나 많이 오게 되는 겁니까? 노아 때만큼인가요?"

"그 정도는 아니지. 하지만 두 계절 동안 내리는 비의 양을 한꺼번에 내릴 생각이다. 그렇게 두 번 내리는 거지. 그러면 마귀 들린 은사주의자들이 엄청난 혼란을 느낄 것이고(1901년 이후로 지금까지), 결국 거기에서 헤어나지 못할 거다."

사무엘은 본문에 대한 조명을 거의 또는 전혀 받지 못한 채 제자리로 돌아갔다. 그러나 재판관기 5:20에 도달하자 더 이상 참을 수가 없었다. 그러고는 큰 소리로 다시 말했다. "주님, 오해하지 마십시오. 제가 '까다롭게' 구는 것이 절대 아닙니다. 여기에서 누가 『**하늘로부터**』 싸웠다는 얘긴지 설명해 주시겠습니까?"

"그야, 별들이 싸웠지. 네가 적은 그 절에 그렇게 써 놓았지 않느냐?"

사무엘은 머리를 숙여 자기가 쓴 글을 들여다보고는 올려다보며 이렇게 물었다. "어느 누가 『**별들**』이 싸우는 소리를 듣겠습니까? 별들은 해와 같은 것 아닌지요? 행성일 수도 있고요. 그런데 어떻게 별들이 싸우죠?"

"음, 천사들도 『**별들**』이라고 불리지 않느냐?"

"무슨 말씀을 하시는지 도무지 알아들을 수가 없습니다. 그런 말씀을 언제 누구에게 하셨는지 전 모르겠습니다."

"A.D. 90년으로 돌아가서 했지. 그 말은 요한에게 했었다(계 1:20)."

"A.D. 90년으로 돌아가서 하셨다고요? 아직 B.C. 90년도 채 안 됐는데요!"

"그래, 하지만 돌아갔지. 사무엘아, 분명 돌아가서 그렇게 했단다. 내가 말했지 않느냐, 역사를 뒤로 돌아보며 미리 기록한다고 말이다."

사무엘은 눈살을 찌푸리며 주님을 쳐다보았다. 잠깐 동안 아무 말 않고 있다가, 마침내 천천히 말을 꺼냈다. "알았습니다. 그렇다면 이것도 그 '마지막 때'에 있을 일들 중의 하나이겠군요. 맞습니까?"

"맞아. 맞아. 그렇고말고."

"그럼 그 마지막 때는 A.D. 90년에 끝나는 게 맞습니까?"

"오, 그건 아니다. 내가 그 천사들에 관한 내용을 요한에게 기록하게 한 때가 A.D. 90년이다(계 1:20; 9:1; 12:3,4). 그 별들은 대환란이 일어나기 전까지는 싸우러 가지 않을 거다. 그건 요한이 자기 책을 기록하고도 최소한 1,800년이 지난 뒤의 일이 될 거다."

"그렇다면 지금 제가 쓰고 있는 재판관기 5:20이 A.D. 2000년까지는 역사상 일어나지 않는 일이라는 말씀이십니까?"

"정확히 그래. 아주 정확히 맞췄어."

사무엘은 한숨을 내쉬고, 자리를 옮겨 앉으며 말했다. "제가 혹시 이런 방식으로 기록될 터무니없이 말도 안 되는 책 속에 나오는 유일한 기록자입니까?"

"전혀 그렇지 않다. 사실 정확하게 지금 같은 방식으로 기록할 여러 서기들을 선발해 두었다. 나는 그들에게도 지금 네가 쓰고 있는 것과 똑같은 방식으로 글을 기록하게 할 생각이다. 네가 잠깐 아브라함의 품에 머물러 있다가 나와 함께 이곳에서 일어날 때, 지금 네가 쓰고 있는 글과 똑같은 방식으로 기록된 300개 이상의 구절들을 읽게 해줄 것이다. 그 구절들은 룻기 2,3장, 사무엘상 2,17장, 사무엘하 7:18,22, 열왕기상 1-4,8,17,21,22장, 열왕기하 2,4,17,19,25장, 에스라 1-6장, 느헤미야 6-13장, 에스더 1,2,6-8장, 욥기 3,5,8,10,11,15,16,18,20,26,37,40-42장, 시편 2,8,9,12,15,16,18,19,22,23,25,27,40,44,45,48,49,55,59,69,72-74,78,82,83,89,110,127,132,141,148,149편, 잠언 1,8,30,31장 그리고 이사야에서 말라기까지 50군데 이상이다. 이 모든 구절이 바락과 드보라의 '이중창'과 똑같은 방식으로 기록될 거다."

"그러면 이 변변찮아 보이는 책은 전체 내용이 다 미래의 일들인가요?"

"오, 아니다. 너는 펜을 든 이래로 지금껏 계속 과거 역사를 기록하고 있지 않느냐. 나는 너에게 비유들과 꾸며낸 이야기들을 주고 있는 게 아니다. 지금 이 순간에도 너는 과거인 재판관기와 룻기를 기록하고 있지 않니."

"하지만 주님께선 제가 재판관기 5장에 기록한 내용이 미래라고 말씀하셨지 않습니까!"

"자, 과거, 현재, 미래가 무슨 차이지?"(전 1:9,10)

"아, 알았습니다! 이제야 이해가 되는 것 같습니다! 주님께서는 '영원' 속에 거하시기 때문에(사 57:15), 과거나 현재나 미래가 주님께는 다 같은 거군요!"

"바로 그거다! 제대로 이해했구나! 이제야 무언가 보조가 맞겠어! 보조를 맞출 수 있겠다고! 사무엘, 이제 너는 이 책이 왜 2,300만 권 중에서 유일한 한 권의 책이 될 것인지 알게 된 거야. 너도 '사람의 아들'이라 알겠지만, '사람들의 아들들' 중에는 과거에 일어났던 모든 일을 아는 사람이 없고(전 3:15), 현재 일어나고 있는 모든 일도 모르며(대상 28:9,10), 앞으로 4,000년 동안 일어날 모든 일도 아는 사람도 없단다. 맞지 않느냐?"

"물론입니다. 말할 필요도 없는 말씀입니다."

"자, 나는 말할 것이고(사 41:22), 그 말은 어느 곳에나 가게 될 거다. 그리고 모든 사람이 내 말을 듣게 될 거다(시 19:1-5)."

이렇게 해서, 기록은 계속되었다.

그리고 책의 기록이 더 진행되어 감에 따라, 하나님께서는 더 자주 교육 수준이 높은 종교적 지성인들을 비웃으셨다(렘 10:6,7; 8:8,9, 사 28:9; 29:11-13, 겔 28:1-9, 렘 23:15-31, 고전 1:18-25; 2:4-7).

이러한 내용들은 이 책의 저자를 잔인하고, 속 좁고, 편협한 "계급차별주의자," 너그럽지 못하고, 몰이해한, 빅토리아왕조 중기의 "성차별주의자," 무례하고, 거칠고, 상스럽고, 혐오스러운 "민족차별주의자"로 보이게 할 뿐 아니라, 욕하기를 즐기는 존재처럼 느껴지게 한다. 산상설교와 같은 시적인 수사법, 형제애와 친절에 대한 사랑스러운 구절들(고전 13장, 엡 4,5장), 번영과 축복을 담은 영적인 약속들(시 23,72편, 롬 8장)과 더불어 이 책의 독자들은 다음과 같은 구절들을 맞닥뜨리게 된다. 『**거짓말쟁이들이고 악한 짐승들이며, 게으른 탐식가들이라**』(딛 1:12), 『**눈먼 안내자들아... 위선자... 어리석고 눈먼 자들아... 회칠한 무덤들... 독사들**』(마 23장), 『**바산의 힘센 황소들... 개들**』(시 22편), 『**주정뱅이들... 간음하는 자들... 비방하는 자들**』(고전 6장, 약 4장, 롬 1장), 『**들나귀들... 창녀들... 도둑들**』(욥 24장, 호 4장, 마 21장, 행 20장), 『**말 못하는 개들**』(사 56:10), 『**저주받은 자식들**』(벧후 2:14), 『**잔인한 짐승**』(벧후 2:12).

이상 제시한 강력하고도 흥미진진한 "욕설들"은 모두 "만물의 척도"인 인간에 관한 언급이다. 의회 도서관에 있는 종교 서적들 중에 감히 이런 방식으로 인간을 부르거나 "인류"에 대해 얘기하는 책은 존재하지 않는다.

이 책의 저자께서는 『**하늘의 여왕**』(렘 44장)에게 경배하는 여자들을 다루시는 좋은 방법이 자기 자녀를 먹게 하는 것(애 4:9,10)이고, 부름받고 임명되었으나 이 책을 저버린 "성경 교사들"(스 7:1-6, 말 2:4-6, 대하 19:5-11을 보라)을 다루시는 좋은 방법이 그들의 얼굴에 똥을 바르는 것(말 2:3)이라고 결정하셨다.

"베스트셀러" 중에 이런 종류의 책이 있다는 것을 상상이나 해 보았겠는가?

"이 달의 책" 추천 도서 목록에 "이 책"이 들어 있다면 어떻겠는가?

문제는 항상 동일했다. 기록자는 A.D. 2000년 이후에 일어날 일을 의도적으로 강조하고 있었는데, 곧 주요 사건들이 어디에서 일어나게 되는가 하는 것이었다. 하나님께서는 B.C. 4000년에서 A.D. 3000년까지의 인간의 역사에 관한 비디오를 되감으신 후에, 그분의 독생자의 초림과 재림에 연결된 사람들과 사건들만을 의도적으로 선정하셨다. 이것이 바로 하나님께서 계보를 작성하시는 데, 서슴없이 50페이지를 낭비하신 이유이다. 그 계보에 열거된 사람들은 어떤 식으로든 하나님의 아들의 인간적인 혈통과 연결되어 있는 것이다.

하나님의 아들의 재림이 『**모든 민족들의 열망**』(학 2:7)과 그분의 선택받은 민족의 열망을(사 60,62,65장) 초래할 것이고, 또 『**죄들을 종결**』(단 9:24)시킬 뿐만 아니라 『**영원한 의**』(단 9:24)를 가져오기 때문에, 아무도 주 하나님께서 그분의 "우선순위"를 잘못 두셨다고 말할 수 없는 것이다. 오히려 다른 것을 더 강조하게 되면 그것이 잘못된 강조가 되고 불완전한 것이 되었을 것이다. 피의 속죄는 그분의 계획들의 일부분만 완성시켰을 뿐이다. 즉 그것은 하나님께서 그분의 아들에게 수행하라고 부가하신 사역을 완성한 것이었는데, 『**고난**』(벧전 1:11)에 수반된 사역을 완성하셨던 것이지 『**다가올 영광**』(벧전 1:11)은 아니었던 것이다.

정확히 말하면 "현대인들"은 한 사람에게 주어질 승리, 권능, 찬양, 성공, 존귀가 강조되지 않기를 바라고 있다. 이들은 그 사람의 이름이 그들의 헌법, 권리장전, 독립선언서, 공산당 선언, 마오쩌뚱 어록, UN 헌장 속에 언급되는 것을 바라지 않는다.

세상은 하나님의 아들을 전혀 필요로 하지 않는다. 게다가 『**모든 민족들의 열망**』이 그분의 나타나심에 관한 언급이었다고 생각하는 것은 하나의 몽상이었다.

20세기의 기독교 지도자들조차 『**우리 왕을 다시 모셔오는**』(삼하 19:43) 일에 주안점을 두려 하지 않았다. 그들은 "므깃도 강박관념"을 "떨쳐낸" 체했을 때 자넷 리노의 비밀국가경찰 요원들(FBI, 1944-1999)이 그랬던 것처럼 그런 생각 때문에 거의 공포에 사로잡혔다. 이 정신병에 걸린 괴짜들은 "아동 학대" 범죄자들을 구해 주고자 텍사스 주 웨이코에서 17세 미만의 몇몇 아이들을 독가스로 살해하고 화장했던 편집증 환자들이었다. 그들은 웨이코 시의 "수용소"에 있는 어떤 사람보다도 네 배는 더 미친 사람들이었고, 열 배는 더 위험한 자들이었다.

그들은 그리스도인 "테러리스트들"로부터 미국 시민들을 보호하는 체하면서, 오히려 "므깃도"와 아무 상관없는 미국 시민들을 공포에 떨게 만들었다(재판관기 5장을 보라). 이들 편집증적 뉴스 매체 광신도들은 그리스도의 재림을 믿는 사람들이 A.D. 2000년에 '세상이 끝날 것'이라 가르치고 있다고 전국적으로 방송을 해 댔다. 유독 성경에 관한 한 돌머리들이자 문맹자들(즉 대학 교육을 받은 멍청이들)만이 그렇게 생각할 것이다. A.D. 2000년을 기준으로 700년 이내에 "세상이 끝날 것"이라고 믿었던 성경대로 믿는 전천년주의자는 단 한 명도 없었다.

빌 클린턴 집권 하의 법무부는 빌 클린턴 전 대통령이나 그의 아내보다도 정신병원 안으로 한 걸음 더 들어가고 말았다. 즉 그들은 예수 그리스도의 나타나심(살전 4장, 고전 15장, 딤 2장, 요일 3장 등)을 기다리는 그리스도인들이 "세상의 끝"을 예언하고 있다고 생각했던 것이다.

이보다 더 어리석은 자들이 있었을까? 그런 자들은 족히 5,000명도 더 되었다. 미국의 모든 주요 뉴스(TV, 라디오, 잡지, 신문)는 FBI의 이런 제정신이 아닌 "신학 이론"을 채택하여 확산시켰다. 이것은 수많은 얼간이들과 미치광이들에 의해 미국 전역으로 신속히 퍼져 나갔다. 그들 대부분은 "교인들"로서 오랫동안 교회를 다닌 사람들이었다. 1933년 이래로 그들의 성직자들, 목사들, 장로들, "교구 목사들"이 설교해 온 것은 그것을 오직 하나님만 아신다는 것이었다. 분명 그러한 신념은 세상이 끝나기 900년도 더 전에 예수 그리스도께서 다시 오신다는 것과는 아무 상관도 없는 것이었다(계 20장, 벧후 3장, 사 65,66장 등).

나는 A.D. 3000년경이 될 때까지는 "세상의 끝"을 기대하지 않을 것이다. 우리 교회 회중도 마찬가지이다.

20세기 진정한 "기독교계 유명인사들" 가운데 최고의 인사들은 다른 어떤 것보다 예수 그리스도의 십자가에 못박히심에 주안점을 두려고 했다. 즉 대여섯 명 정도를 제외하고는 그들 가운데 가장 "경건한" 자들이, 하나님의 달력에서 가장 중요한 날은 하나님의 아들께서 그들의 죄들을 위해 죽으신 날이라고 생각했던 것이다. 이 말이 무슨 의미인지 이해했는가? 이것이 소위 "세속적 인본주의"이다. 이들은 예수 그리스도의 십자가에 못박히심이 "그들의" 메모 수첩에서 가장 중요한 날짜였다고 생각했다. 그날이 그들에게는 가장 소중한 날이었던 것이다. 말하자면 이것은 다름 아닌 "그들의" 구원을 말하는 것인데, 그로 인해 이익을 얻은 것은 다름 아닌 "그들"이었다. 이제는 이해가 되었는가? 하지만 구원받았으면서도 아직 이 사실을 알아차리지 못한 사람들이 플로리다에서만 10만 명이나 된다.

예수 그리스도께서 "그들을" 위해 채찍에 맞고, "나무"에 못박혀 수치와 불명예를 입으셨던 그 수요일이 하나님께서 허락하신 가장 위대한 "날"이었다는 것이다.

인간의 영원한 이기주의는 치료가 불가능하다.

모든 『**권세와 부귀와 지혜와 힘과 존귀와 영광과 찬송**』은 『**어린양**』(계 5:12)께 주어지는 것이지, 결코 어떤 상황이나 배경을 가진 구원받은 죄인들에게 주어지는 것이 아니다.

이 존귀는 『**어린양**』이 처음 나타나셨을 때는 그분께 주어진 적이 없었다(사 53장, 시 22편). 그러므로 하나님께서는 성경의 실질적인 무게를 첫 3,000년의 기간(B.C. 4000 - B.C. 1000)이나 중간의 2,000년의 기간(B.C. 1000 - A.D. 1000)에 두시지 않고, 역사의 마지막 2,000년의 기간(A.D. 1000 - A.D. 3000)에 두신 것이다. 하나님께서는 전체적인 역사를 말끔히 위장하셔서, 르네상스 시대, 계몽 시대, 이성 시대, 원자 시대, 우주 시대, "새 시대"(New Age)를 막론하고, 지구상의 거의 모든 명석한 지성인들로 하여금 하나님께서 무엇을 하시려고 하는지 알 수 없게 만드셨다.

IQ 800이 아닌 이상, 어떤 "명석한 지성인"도 이 책을 이해할 수 없을 것이다. 이 책의 기록자는 미래 사건을 과거 시제로 기록했을 뿐만 아니라, 같은 내용을 나중에 다른 기록자가 미래 시제로 기록할 것이라고 예언하기까지 하셨다. 기록자가 이미 부분적으로 그 사건이 일어나는 것을 보았는데도 말이다!

UN이든, 뉴에이지든, 이 지상에는 "2,300만 권 중의 이 한 권"을 다룰 수 있는 "명석한 지성인"이 없다. 마호메트와 조셉 스미스 같은 불쌍한 멍청이들, "모로나이"나 부처 같은 솜씨가 서툰 초보, 그리고 로버트 슐러나 문 목사 같은 반쯤 구워진 세련된 돌팔이들은 이러한 책을 저술할 수 없는데, 그것은 마치 그들이 입에 땅콩버터를 가득 물고 휘파람을 불면서 물구나무서는 것이 불가능한 것과 매한가지다.

반복해서 말하지만, 우리가 읽고 있는 성경 내용들은 성경의 기록자께서 A.D. 3,000년 저 너머로 자신의 자리를 옮기신 후, B.C. 4000년에서 A.D. 3000년 사이에 발생한 일들을 돌아보시며 기록하신 것이다.

『이스라엘의 왕인 주, 곧 만군의 주인 그의 구속주가 이같이 말하노라. 나는 처음이요 나는 마지막이라. 나 외에 다른 하나님이 없느니라... 너희는 두려워 말고, 무서워 말라. 내가 그때로부터 너에게 말하며 선포하지 않았더냐? 너희가 곧 나의 증인들이니라. 나 외에 하나님이 있더냐? 정녕, 다른 하나님은 없나니 나는 아무도 알지 못하노라』(사 44:6,8).

『너희는 오래된 이전 일들을 기억하라. 나는 하나님이요, 다른 이는 없느니라. 나는 하나님이요, 나 같은 이가 없느니라』(사 46:9).

분명 아무도 없었다. 나도 확실히 "거기에" 있지 않았다. 알라의 "사도"도 거기에 없었다.

설령 "마호메트"가 돌아오지 않는다 해도, 수라 1장에서 114장까지 그의 "종교"를 받아들일 사람은 여전히 있을 것이다. 모로나이나 조셉 스미스가 다시 나타나지 않아도, "몰몬교도"가 되려는 사람이 있을 수 있다. 부처가 "므깃도"에 나타나지 않는다 해도, 부처 없이 반야(지혜)나 삼매에 이르려는 사람이 있을 것이다. 그러나 주 예수 그리스도께서 다시 오시지 않는다면, 당신은 미혹된 뻔뻔한 거짓말쟁이가 아닌 진짜 "그리스도인"을 이 땅에서 단 한 사람도 발견할 수 없을 것이다.

온 땅을 통치하기 위해 "창시자"가 반드시 돌아와야 하는 "종교"는 이 지상에서 단 "하나"뿐인데, 그것은 카톨릭이나 개신교, 유대교, 여호와의 증인, 힌두교, 이슬람교 또는 불교가 아니다.

지금껏 살았던 가장 훌륭한 철학자(왕상 3:12)라 할지라도 하나님께서 직접 그에게 그 책(계 5장)을 열어 주시지 않으면 그 책을 이해할 수 없다(눅 24:45, 고전 2:7-13). 사도 요한은 예수 그리스도께서 『**참 하나님**』(요일 5:20)이시라고 말했다. 그러나 미국외교협회, FBI, UN, EU의 구성원들은 이것을 믿지 않는다.

하나님의 책은 그 책을 "상고"하는 자에게는 열려 있지만(요 5:39), 과학자들의 연구 대상은 아니다. 저자의 도움이 없다면(요 6:63, 눅 24:32, 계 5장), 성경의 내용은 절대적으로 불가해한 것이다.

반면에 아무도 〈코란〉을 이해하기 위해서 그 "저자"의 임재를 필요로 하지 않는다. 아무도 〈몰몬경〉을 이해하기 위해 조셉 스미스의 임재를 필요로 하지 않는다. 부처의 말과 가르침을 이해하기 위해 부처의 임재를 필요로 하는 사람은 아무도 없다. 어떤 종교의 설립자가 기록한 무언가를 이해하기 위해서 그 종교의 설립자의 임재를 필요로 하는 사람은 아무도 없는 것이다. 예외가 오직 하나 있다! 무엇인지 맞춰 보라!

현저하게 대조를 이루는 오직 한 권의 책이 있다! 2,300만 권 중에서 오직 한 권이 있는 것이다. 자, 내기를 해 보라! 마지막 기회이다! 이제 거의 게임이 끝나가고 있다.

이렇게 미움과 경멸을 받고, 무시당하며, 또 사랑받고, 거절당하고, 존중받은 "베스트셀러"가 교황들, 왕들, 대통령들, 신부들, 목사들, 학자들, 스콜라 철학자들, 과학자들, 자선가들, 수도사들, 수녀들, 정치가들, 교수들, 상원의원들, 국회의원들, 미술가들, 음악가들, 철학자들, 성경 교사들, 장군들, 주술사들, 시장들, 무신론자들, 의장들 옆을 스쳐지나갔다.

스무 세기가 넘는 기간 동안 성경은 이들 모두를 능가해 왔다.

예수 그리스도께서는 이러한 자들을 가리켜 『**염소들**』이라고 부르셨다(마 25:32,33). 결국 이 염소들이 함께 모이게 될 때(습 3:8), 인류의 역사 속에서 참 하나님과 그분의 역사에 대한 그들의 영적인 이해가 눈먼 모기보다 못했다는 것이 여지없이 증명될 것이다. 또한 초등학교 6학년 수준이면 누구나 이해할 수 있는 성경에 대한 그들의 실제적인 읽기 능력이 두 살짜리 에스키모보다 못했다는 것과 성경에 대한 그들의 지적 이해가 간음하는 호색가 교황(예를 들면, 세르기우스 3세나 요한 7세)보다 못했다는 사실도 여지없이 증명될 것이다.

종교적인 공상의 한도를 지나친, 이들 "염소 민족들"(마 25:33, 이것은 예수 그리스도께서 직접 사용하신 용어이지, 내가 만든 말이 아니다.)은 "평화 유지 조치들"을 통해서 "왕국을 확장"하여 "땅 위에는 화평을, 사람들에게는 호의를" 이룩하는 데 부르심을 받았고, 지난 6,000년간 그 일을 열심히 해왔다고 주장할 것이다. 만약 이런 주장이 환상적이고 위선적인 거짓말이라는 사실이 조금이라도 의심

된다면, 미국 뉴욕 시내의 거대한 정글로 차를 몰고 가서 UN 의회 건물 도로 건너편 벽에 도배된 이사야 11장(1611년에 출간된 〈킹제임스성경〉의 내용으로 적혀 있다!)의 일부를 자세히 살펴보라. 이것이 하나님을 믿지 않는 의회가 창조주께서 기록한 책의 예언에 관해 알고 있는 전부이다.

그 구절은 FBI를 괴롭히는 "그리스도인 테러리스트들"에 관한 언급이 아니다. 그것은 예수 그리스도의 재림에 관한 구절이다.

거기에 그것을 도배한 비참하고 가련한 자들은 하나님께서 그분의 아들을 『**야곱의 왕**』(사 41:21)으로 삼으셨다는 내용(눅 1:30-33, 시 2편)은 제거해 버린 채 성경 말씀을 도용했다. 국제 돼지 목욕장에서 모이는 가장 커다란 전쟁도발 집단을 위해서 말이다. (뉴욕 시는 위생국에 의해서는 "악취의 도시"로, 교사들에 의해서는 "멍청한 도시"로, 뉴욕 경찰에 의해서는 "죽음의 도시"로 일컬어진다.)

성경은 그들의 마음을 찢어 놓으셨다. 반면 그들은 성경을 엉망으로 만들어 놓았다. 그들은 국제 "경찰"의 압력 하에 국제 사회주의를 확산시킴으로써 "땅 위에 평화"를 가져오려는 그들 자신의 노력을 "만왕의 왕"의 재림이 있어야 할 자리에 놓았다. 그들은 1950년에서 2000년 사이에 88개의 전쟁을 주관하며 소위 평화를 위해 노력했던 것이다.

오늘날까지 그들은 1611년에 나온 〈킹제임스성경〉에서 초등학교 4학년 수준의 영어도 이해하지 못했다. 그러므로 그들의 운명은 성경 말씀을 문자 그대로 성취시키는 것이다(슾 3:8). 그들이 원하든 원하지 않든지 그렇게 될 것이다. 이런 경우에는 무지(호 4:6)가 복이 아니다. 그 무지는 오히려 괴물들(계 9장), 전 세계적인 사탄의 독재(살후 2장, 계 13장), 대량학살(계 13장), 영적 저주(계 14장), 죽음과 지옥(계 6장) 그리고 대규모의 무력 살상(계 6,9장, 욜 2장)으로 이어지는 것이다.

그들이 성경을 엉망으로 만들었기 때문에, 하나님께서는 그들의 마음을 엉망으로 만드셨다.

성경은 그들이 "미친" 자들이 될 거라고 말씀하신다(렘 50:38; 51:7, 슥 12:4). 정말이지 정신 나간 사람처럼 되는 것이다.

그들은 "법 집행"에 종사하고 있다고 생각하는 FBI와 SWAT(특별기동대)보다 더 심한 편집증과 정신분열증을 가지게 될 것이다. 웨이코 사건 관련 영상을 본 사람이면 누구라도 "나도 살고 남도 살리기를 원했을 뿐이다."라고 말한 늙은 알 카포네를 잊을 수 없을 것이다.

그들은 제 정신이 아니다. 아주 제 정신이 아닌 것이다. 완전히 미친 자들만이 뉴스 매체를 추종하는 중독자들이 되는 것이다.

성경만큼 오도하고 기만하는 책이 지구상에서 만들어진 적이 없다. 왜냐하면 성경은 양 방향으로 자르는 양날 가진 칼로서, 죄인들을 지옥으로부터 구원하여 영원하고 죄 없는 생명을 주려 할 뿐만 아니라 동시에 영구히 죄인들을 눈멀게 하고 저주하려 하기 때문이다.

이것은 분명 성경의 저자께서 성경을 집어 드는 사람의 "마음을 읽으실" 수 있다는 것을 의미한다(히 4:12,13, 겔 14장). 그래서 그 분께서는 성경을 만드실 때, 자기 의로 가득 찬 죄인에게는 완전히 난해한 책이 되게 하셨고, 자만하는 죄인에게는 철저히 조롱하는 책이 되게 하셨으며, 비도덕적인 죄인에게는 모욕을 주고 실족케 하는 책이 되게 하셨고, 죄의 구실들을 찾는 죄인에게는 절대로 "손댈 수 없는" 책이 되게 하셨다.

성경이 꼭 그런 방식으로 기록되었어야만 할 이유는 없었다. 그러나 성경은 그런 방식으로 기록되었다.

만약 하나님께서 성경을 지금의 방식으로 기록하지 않으셨다면, 30장 정도의 종이 위에 모든 인간이 영원한 생명을 얻기 위해 무엇을 해야만 하는지, 역사는 어떻게 끝나게 될 것인지, 어떻게 인간이 그런 관점을 따라 지상에서의 삶을 영위할 것인가에 대해서만 적으셨어도 충분했을 것이다.

그처럼 "종교에 관한" 핵심 자료만 기록한다면, 한 사람의 서기가 일주일 안에 충분히 기록할 수 있었을 것이다. 욥기의 기록자가 그 책을 기록하는 데 사용했던 시간만큼도 채 걸리지 않았을 것이다.

그러나 "2,300만 권 중의 한 권"을 기록하신 저자께서는 그 책을 현재 기록되어 있는 방식으로 기록하시는 것을 기뻐하셨다. 그렇게 하심으로써, 교육, 지성, IQ, 종교적인 열심, 도덕적인 생활, 영적인 통찰력, "천재성"으로 인해, 죄인들이 그 책을 거절하거나 받아들이는 데 있어서 아무런 영향도 받지 않도록 하셨다. 만약 하나님께서 성경을 지금의 방식이 아닌 다른 방식으로 기록하셨다면, 성경은 종교적인 내용을 적은 "소책자"가 되었을 것이다. 그러나 하나님께서는 B.C. 4000년에서 A.D. 3000년까지의 역사를 모두 다루는 66권짜리 역사책을 기록하셨다. 그리고 그 일을 수행하시면서, "그 시간 내내 행복하게 지내셨으니," 곧 B.C. 1850년의 욥기에서 A.D. 90년의 요한계시록까지, 전체 1,940년간을 그렇게 하신 것이었다.

하나님께서 이 일을 마치셨을 때, 이 지구상에 나타난 적이 없는 가장 위대한 책이 완성되었다. 그 전에나 그 이후로도 이 위대한 책과 같은 책은 없었고, 또 앞으로도 없을 것이다. 왜냐하면 주님의 경쟁자들은 모두 유한하고, 나약하며, 죄로 가득하고, 기만당하기 쉬우며, 자기중심적이고, 타락한 죄인들로서, 자기가 죽을 때 어디로 가는지도 모르는 자들이기 때문이다. 도대체 어떻게 그런 자들이 다른 사람들에게 그것에 관해 말해 줄 수 있겠는가? 생각해 보라! 전 세계의 종교 지도자들 중에서 95%는 죽음 이후에 어떤 일이 일어나는지 확실히 알 수 있는 확고하고 실제적인 근거를 가지고 있지 않다!

그러나 드와이트 L. 무디는 알고 있었고, 베드로, 바울, 요한도 알고 있었으며, 빌리 선데이와 존 낙스도 알고 있었다. 어째서 교황들은 자신이 죽으면 『**몸에서 떠나 주와 함께**』(고후 5:8) 있게 될 것이라는 사실을 증명할 수 있는 구절을 성경에서(카톨릭 성서에서라도)

한 구절도 찾아낼 수 없는가? 생각해 보라. 불가지론자인 이 돌팔이들은 그리스도의 "대리자"라고 말하면서도 9억 명의 "회원들"이 죽었을 때 무슨 일이 일어나게 되는지 알지 못한다!

하지만 다윗은 자기가 어디로 가고 있는지 알고 있었다(시 23편). 엘리야도 알고 있었고(왕하 2장), 베드로와 요한도 알고 있었으며(벧전 1:3-5, 요일 5:10-13), 바울도 알고 있었다(빌 1:21-23). 조지 휫필드, 존 웨슬리, 마틴 루터, 윌리엄 부스, 집시 스미스, R.A. 토레이, 찰스 H. 스펄전, 조나단 에드워즈, 윌리엄 캐리, 발타사르 후브마이어, 빌리 브레이, M.R. 디한 박사, B.B. 크림, 보샹 빅, J. 프랭크 노리스, 윌리엄 와드 에이어, 존 R. 라이스, 커티스 허트슨, 찰스 G. 피니, 샘 존스, 밥 존스 시니어, 데오도르 엡, 찰스 풀러, 메이즈 잭슨, 올리버 그린 그리고 A.D. 90년에서 현재까지의 성경대로 믿는 그리스도인 1,400만 명도 알고 있었다.

그런데도 교황들은 알아낼 수 없다니, 이게 말이 되는가?

지정학 분야에 종사하는 술 마시는 총각들에게는 이보다 더 끔찍한 일도 없을 것이다!

죽음 이후의 운명을 바울처럼(롬 8:29) 확실히 알았던 1,400만 명의 그리스도인들의 비밀은 무엇이었을까?

그건 단순하다. 그들은 한 권의 책을 믿었던 것이다. 그들은 그 책에 기록된 말씀에 자신의 혼을 걸었던 것이다.

자, 내기를 해 보자. 이제 당신에게는 시간이 얼마 안 남아 있다.

이 내기는 한 권의 책과 2,300만 권의 책의 대결이다.

만약 당신이 문자 그대로 인간 본성을 갈기갈기 찢어 놓는 66권의 책에 찬성하지 않는다면, 남은 2,300만 권의 책에 당신의 돈을 걸어야 한다. 당신 마음대로 하라. "우리는 자유로운 국가에 살고 있으니까." 하나님께서는 그분의 종교적인 견해를 누군가의 목구멍 속에 억지로 밀어 넣지 않으신다. 하나님께서 인간에게 종교를 강요하신다는 식의 표현은 자기 죄들을 사랑하는 얄팍한 죄인들이나 하는 불평이다.

걱정하지 말라! 세상은 여러분의 값진 작은 "권리들"을 보호해 줄 것이다. 그렇게 되면 하나님의 크고 나쁜 책이 여러분에게 추근거리거나 괴롭히지는 않을 것이다. 두려워 말라! 이제 당신은 예레미야 23장, 마태복음 23장, 요한복음 8장, 레위기 26장, 이사야 26장, 에스겔 16,23장, 디도서 1장에서 발견할 수 있는 그런 진리들을 두려워하지 말고, 당신의 인본주의와 조상의 종교, 곧 "세상을 좀 더 살기 좋은 곳으로 만들자," "하나님께서는 스스로 돕는 자를 돕는다," "타인에게 다가가서 그들에게 마음을 전하라." 등을 내세우는 종교를 따라 앞으로 곧장 나아갈 수도 있다!

그러나 당신이 결국 불못(계 20장)에 다다랐을 때, 한 권의 책이 옳았다는 사실과 다른 모든 "신성한 경전들"을 포함하여 나머지 2,300만 권의 책들이 그저 "도깨비불"에 불과했다는 사실을 알게 될 것이다. 그러나 그때가 되면 너무 늦다. 올바른 한 권을 위해 나머지

2,300만 권을 버리기에는 너무 늦은 시점인 것이다.

오늘, 지금 당장 그것들을 버리는 편이 더 좋을 것이다.

『너는 내일을 자랑하지 말라. 하루 동안에 무슨 일이 일어날는지 네가 알 수 없음이라』(잠 27:1).

진리의 지식을 찾아서 39

“성경”을 모르는 민족은 망했다

초판1쇄 / 2015년 3월 27일
초판2쇄 / 2023년 5월 4일
지은이 / 피터 S. 럭크만
옮긴이 / 장준익
펴낸이 / 말씀보존학회
펴낸곳 / 말씀보존학회
등록 / 제409-2022-000036호
주소 / 서울 강서 우체국 사서함 90호
전화 / (02) 2665-3743 · 팩스 / (02) 2665-3302

값 12,000 원